WARUM ALBERT SCHWEITZER HEUTE?

RUNDBRIEF-AUSGABE NR. 111

JAHRBUCH 2019 FÜR DIE FREUNDE VON ALBERT SCHWEITZER

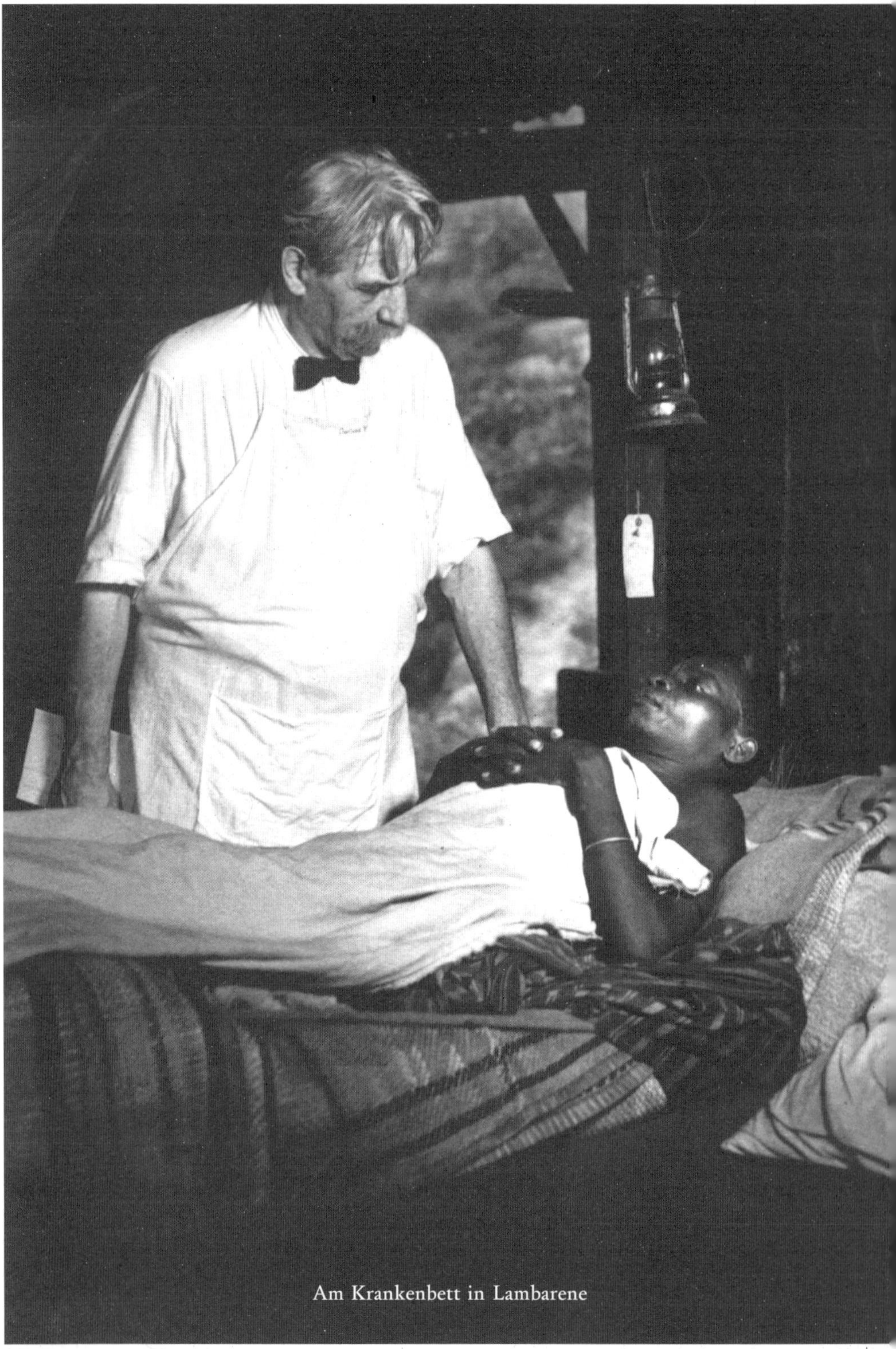

Am Krankenbett in Lambarene

Warum Albert Schweitzer heute?

JAHRBUCH 2019 FÜR DIE FREUNDE VON ALBERT SCHWEITZER

RUNDBRIEF-AUSGABE NR. 111 DES DEUTSCHEN HILFSVEREINS FÜR DAS ALBERT-SCHWEITZER-SPITAL IN LAMBARENE E. V. FRANKFURT AM MAIN · HERAUSGEGEBEN VON DR. EINHARD WEBER, JUNI 2019

Mit einem Vorwort von Einhard Weber; Textbeiträge von Peter Berne, Eugen Drewermann, Claus Eurich, Martin Groß, Claus Günzler, Fritz von Gunten, Wolf Kalipp, Harald Kegler, Hartmut Kegler, Martin Kowarsch, Ernst Luther, Andrea Munz, Andreas Rössler, Erika Rüdel, Konstanze Schiedeck, Ursula Schoeler, Friedrich Schorlemmer, Gottfried Schüz, Harald Steffahn, Daniel Stoffel, Ary van Wijnen, Hans-Georg Wittig, Einhard Weber, Roland Wolf und Werner Zager.

Inhalt

ALBERT-SCHWEITZER-RUNDBRIEF NR. 111
JAHRBUCH 2019 FÜR DIE FREUNDE VON ALBERT SCHWEITZER

EINHARD WEBER

Einleitendes Vorwort

Wir leben in einer sehr besonderen Epoche der Menschheitsgeschichte. In dieser Zeit entscheidet sich die Zukunft unserer Gattung und unzähliger Arten. Einerseits ist es nötig, sich ungeschönt all die verheerenden Entwicklungen vor Augen zu führen, die das Leben und Überleben auf unserem wunderbaren Planeten bedrohen. Zugleich aber müssen wir Mut und Hoffnung bewahren, nicht zuletzt für die uns anvertrauten Kinder. Eine bessere Zukunft ist möglich – für die Erde, für den Menschen, für jeden von uns. Doch um die Kraft dafür aufzubringen, ist es wichtig zu wissen, wohin wir gehen, wie wir leben wollen und wie wir Eintracht und Verbundenheit mit dem Leben an sich gestalten wollen. Dafür ist die Lebens-Ethik Albert Schweitzers eine geradezu prophetische Orientierung und Hilfestellung, schreibt der Autor des ersten Artikels, Claus Eurich, und begründet es.

Friedrich Schorlemmer schickte mir eine längere Rede, die er zum Tag der Menschenrechte 2018 hielt. Darin spricht er über den Prediger und Menschen Albert Schweitzer, wobei er längere Passagen aus dessen Straßburger Predigt zum Totengedächtnis vom 24. November 1918 zitiert und kommentiert.

In einem längeren Aufsatz schildert der Dirigent und Schriftsteller Peter Berne seinen Weg zu Albert Schweitzer, nachdem er als 17-Jähriger die USA verließ, österreichischer Staatsbürger wurde und von seinem Lehrer in Salzburg, der mit Schweitzer über die Atomfrage korrespondierte, in dessen Gedankenwelt eingeführt wurde.

Die erste Quelle, die Andreas Rössler in seiner Abhandlung „Wie viel Lüge darf sein?" nennt, ist der berühmte Essay von Hannah Arendt „Wahrheit und Lüge in der Politik" von 1972. Dort heißt es: *„Wahrhaftigkeit zählte niemals zu den politischen Tugenden, und die Lüge galt immer als ein erlaubtes Mittel in der Politik."* Lange spielte dieses Thema in Philosophie und Medien keine Rolle. Donald Trump brachte es wieder auf die Tagesordnung.

Rössler beschreibt die verschiedenen Bereiche des Themas und kommt zu dem erwarteten Ergebnis, dass *„die Wahrheit im Kleinen und im Großen“* das Ziel bleiben muss.

Anschließend gedenken wir zweier Persönlichkeiten, die sich um das Werk von Albert Schweitzer verdient gemacht haben und die sich seine Freunde nennen durften:

Harald Steffahn, der mehrere Bücher und Aufsätze über Schweitzer schrieb, bekam 2017 für seinen lebenslangen Einsatz den 3. Internationalen Albert-Schweitzer-Preis, über den er sich noch sehr gefreut hat. Er starb im April 2018. Wir geben hier die Laudatio vom 3. Oktober 2017 und seine Dankesrede wieder.

Richard Kik war der erste, der in Deutschland Freunde für das Werk Albert Schweitzers um sich scharte, 500 Vorträge hielt, die ersten Rundbriefe herausgab und Geld für Lambarene sammelte. Aus dieser Bewegung entstand auf Schweitzers Anregung dann 1963 der „Deutsche Hilfsverein für das Albert-Schweitzer-Spital in Lambarene e.V.“

In den zwölf Jahren, in denen ich für unsere Rundbriefe verantwortlich war, bin ich vielen Menschen begegnet und bat diese zum Ende meiner Vorstandstätigkeit, ein bis zwei Seiten zum Thema „Warum Albert Schweitzer heute?“ zu schreiben. Es war mir eine große Freude, dass mehr als ein Dutzend Persönlichkeiten, die bei der Verbreitung von Albert Schweitzers Ethik der „Ehrfurcht vor dem Leben“ von großer Bedeutung sind, hierzu ihre Beiträge geschickt haben. Jede Wertung ist subjektiv, daher geben wir sie in alphabetischer Reihenfolge wieder, wobei es sicher von großem Reiz ist die eigenen Favoriten herauszufinden.

Die Periodika beginnen, wie bereits seit vielen Jahren, mit „Vor hundert Jahren“, diesmal mit „Albert Schweitzer im Jahr 1919“. Das besonders ereignisreiche Jahr beginnt sehr erfreulich: an seinem 44. Geburtstag wird Tochter Rhena geboren. Und endet mit der Einladung vom Erzbischof Nathan Söderblom, im nächsten Jahr in Uppsala einige Vorlesungen zu halten, die Schweitzer aus seinen finanziellen Schwierigkeiten befreite.

Aus und über Lambarene erzählt von den Schwierigkeiten der Historischen Zone des Schweitzer-Spitals im Jahr 2018.

Dann folgen Berichte von drei Albert-Schweitzer-Freunden über ihre Begegnungen mit Albert Schweitzer persönlich oder mit dessen Schülern und den Folgen.

Das Kenia-Projekt der Familie Munz, das Waisenkindern einen Schulbesuch ermöglicht, unterstützen wir seit drei Jahren und sind erfreut über das Erreichte.

Den Schluss bildet die Rezension über die umfangreiche Abhandlung „Ein musikalisch-dichterischer Urwaldarzt" von Nepomuk Riva. Wolf Kalipp kommt zu folgendem Ergebnis: *„Rivas Aufsatz bietet also keine neuen wissenschaftlichen Erkenntnisse über den Musikforscher Schweitzer, fächert jedoch in diesem spezifischen Zusammenhang Schweitzers gesamtes musikalisches Weltbild im Umfeld des kulturell Fremden auf."*

Liebe Leserinnen und Leser, ich wünsche Ihnen Muße zum intensiven Lesen und vielleicht neue Erkenntnisse, die Sie noch mehr von der Bedeutung des Schweitzerschen Werkes überzeugt und Ihnen deutlicher wird, dass seine Philosophie der Ehrfurcht vor dem Leben hochaktuell und unverzichtbar ist, wenn unsere Welt gesunden will.

Mit herzlichen Grüßen
Ihr

Einhard Weber

Aktuelle Schweitzer-Rezeption

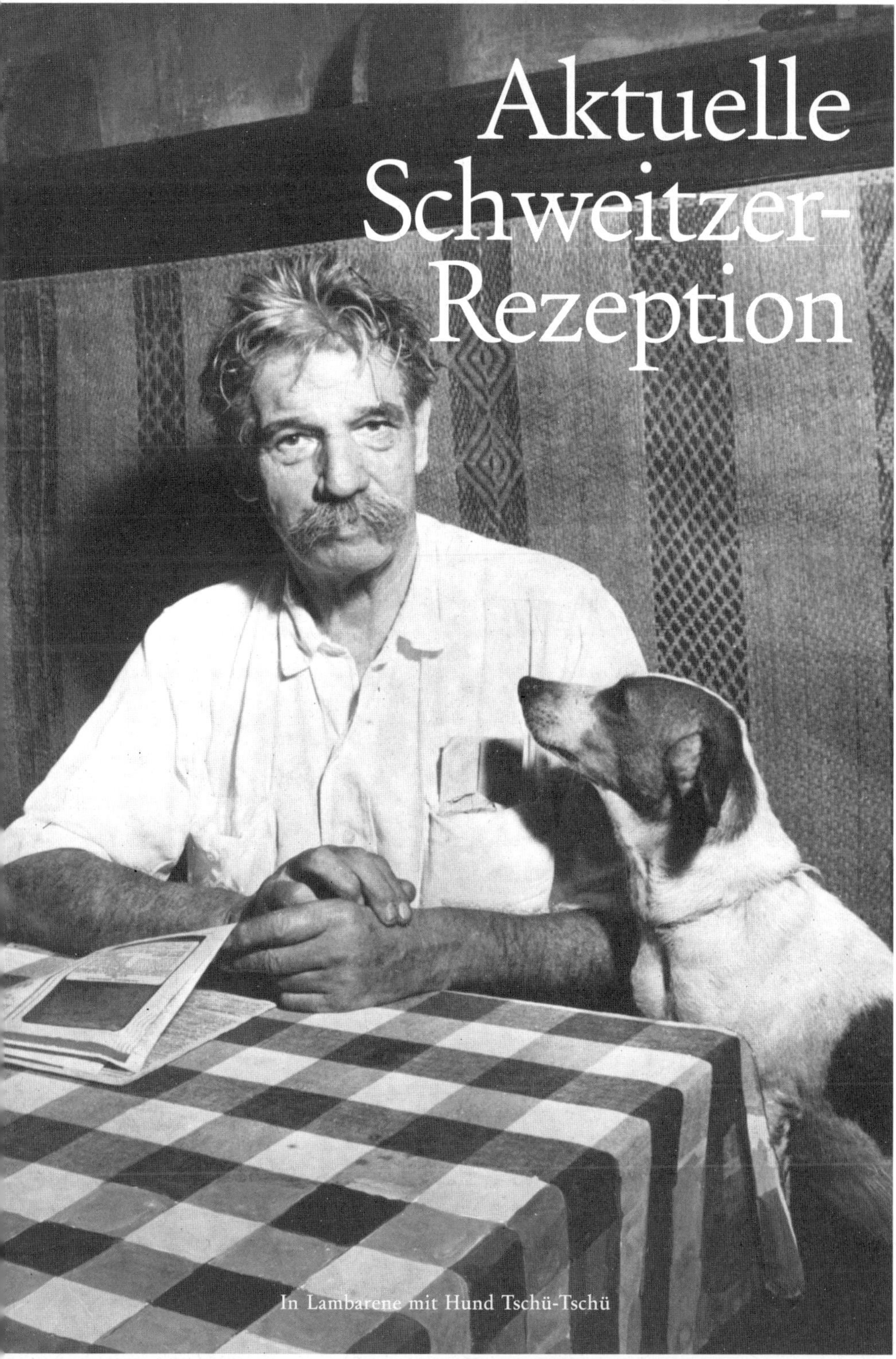

In Lambarene mit Hund Tschü-Tschü

CLAUS EURICH

Dem Leben dienen. Albert Schweitzer als leuchtendes Vorbild und radikaler Mahner für die Welt, in der wir leben.

Unendlich viel ist über Albert Schweitzer, sein Leben und sein Wirken in den vergangenen Jahrzehnten geschrieben worden, gerade auch in diesem Rundbrief. Bei den außergewöhnlichen Gestalten der Zeitgeschichte aber ist es auch immer wieder wichtig, dass wir ihr Denken und ihr vorbildhaftes Tun aus der Geschichte heraus in die Gegenwart befreien. So halten wir sie am Leben und im Leben, und so bleiben sie uns Ratgeber. Das Zurückliegende will also auf das uns im Hier und Jetzt Begegnende hin neu befragt und weitergedacht werden. Dies möchte ich im Folgenden tun und die Situation der Welt, in der wir leben, von den Anforderungen her betrachten, mit denen uns Albert Schweitzers Ethik des Lebens so schonungslos konfrontiert. Wir wollen fragen, was der Mann, den Albert Einstein für den größten Menschen des Jahrhunderts hielt und den Winston Churchill *„ein Genie der Menschlichkeit"* taufte, wohl zu der momentanen Situation auf dem Planeten und unserer mörderischen Lebensweise sagen würde. Schon zu seiner Zeit merkte er ja an, dass er sich in grundlegendem Widerspruch zum Geist der Zeit befinde. Wie viel mehr muss das wohl heute gelten...

Ausgangssituation

Ein Teil vom Baum des Lebens hat begonnen abzusterben. Der Mensch und zahllose Arten, die sich mit ihm das teilen, was wir Leben nennen, bewohnen diesen Zweig. Es scheint, als habe unsere Gattung sich überlebt – und sie reißt mit ins Verderben, was sie seit ihren ersten Schritten auf diesem Planeten und der Entwicklung ihres Bewusstseins trug und nährte. Rettung, die auf dem Selbst- und Weltverständnis gründet, das uns bis hierher führte, ist glaubwürdig nicht denkbar. Das Gift von Wachstum, Konsumismus und Mitweltverachtung taugt wahrhaft nicht als Heilmittel für die Zukunft.

Unsere Spezies, wenn sie noch eine Weile überdauern will, muss sich neu entwerfen. Es gibt keine Alternative mehr zu dem Kern der Schweitzerschen Ethik, die uns lehrt, dass wir Leben sind, das leben will – aber eben immer inmitten von anderem Leben, das gleichfalls leben will. Und das schließt alle Lebensformen mit ein und keine aus.

Es würde uns nicht gerecht, sähen wir die Welt der Gegenwart verharmlosend lediglich als eine fehlerhafte und unbedachte Entwicklung und somit als einen Irrweg an, den wir bei frühzeitiger und besserer Einsicht nicht unbedingt hätten beschreiten müssen. Das Gegenteil gilt es zu konstatieren. Der Weg, der als Menschheit hinter uns liegt, zeugt von geradezu atemberaubender Geradlinigkeit und Konsequenz. Er spiegelt zum einen die dominante und nach Verwirklichung schreiende Seite unseres Wesens. Zum anderen müssen wir erkennen, dass sich diese Wesenszüge im Verlauf der Jahrhunderte derart zu Systemen und Strukturen verfestigt haben, dass kaum noch Freiheitsräume für grundlegende ethische Entscheidungen sowohl für den einzelnen Menschen als auch für Kollektive, Gemeinschaften, Staaten und Kulturen bleiben. Es hätte eben also nicht alles auch anders kommen können. Wir beobachten kein Spiel, das mit anderen Regeln auch anders zu spielen gewesen wäre. Was wir hervorgebracht haben an Geist, Rationalität, Ökonomie, Struktur und Technik entspringt keinem evolutionären Zufall. Es liegt vielmehr im Rahmen dessen, was unsere innere Natur bis hierher ausmachte und belebte.

Die Welt der Gegenwart, das sind wir. Die Zerstörung der von uns so genannten äußeren Natur folgte einer inneren Destruktivität. Die Zersiedlung und Verwüstung dieses Planeten wurzelt in der Verwüstung unseres Innenlebens. Sie war der Preis für einen langen historischen Prozess der Trennung und der Spaltung. In diesem Prozess haben sich machtvolle Teile unserer Gattung schrittweise aus der äußeren Natur herausgelöst, um sie uns wieder neu einverleiben zu können, sie zu kontrollieren, zu konsumieren und zu verbrauchen. Damit wandelte sich auch unsere Identität. Zunehmend fand sie sich wieder in dem, was uns trennt, uns von anderem Leben unterscheidet. Auf allen Ebenen vollzog sich diese Trennung – zwischen Mensch und Natur, Mensch und Mensch, und sie machte selbst vor dem Göttlichen nicht halt. Wer sich so von seinen Wurzeln trennt, stellt sich außerhalb der Ordnung, der er selbst entstammt, und er sollte die folgende Verwahrlosung nicht beklagen. Das eine bringt das andere hervor.

Die Frage, wie mit einer Welt und in einer Welt klarzukommen ist, über der das Damoklesschwert der Selbstvernichtung an einem seidenen Faden hängt, verträgt nur noch eine Antwort: bedingungslos dem Leben dienen. Dabei ist der grundlegende Bruch mit nahezu allen alten Gewissheiten und so genannten Sicherheiten unvermeidbar. Nur dann werden die Katastrophen, auf die wir zusteuern, zugleich als Chance erkennbar, schon inmitten der Überlebenskrise an dem Neuen zu weben, dem Heil und der Heilung ein Stück näher zu rücken, ja sie ggf. eines Tages zu vollenden. Heilung meint in diesem Sinne heil, also ganz werden, ungespalten, ungetrennt, versöhnt mit sich selbst und dem Prozess des Lebens auf allen Ebenen. Die Überlebenskrise wird so gesehen zur Transformationskrise, zum mutigen Eintauchen in die sowohl schmerzhafte wie großartige Dynamik der Wandlung. Der weise Arzt und Lebensfreund aus Lambarene hat dafür den Weg gewiesen. Vor allem hat er unmissverständlich darauf hingewiesen, dass wir nur dann zu ethisch handelnden Menschen werden, wenn wir zunächst wahrhaft denkend werden.

Erkenntnis und Selbstreflexion

Ein dem Leben dienender radikaler Aufbruch kann in diesem Sinne nur gelingen, wenn er mit der entsprechenden Transformation des menschlichen Bewusstseins auf den unterschiedlichsten Entwicklungsstufen, die auf der Erde existieren, verbunden ist. Das bloße Wissen, über das wir in hinreichendem Maße schon lange verfügen, kommt bereits zu spät. Denn das kognitive Erkennen, so ich es überhaupt an mich heranlasse, berührt noch nicht Herz und Seele und erweckt nicht die empathischen Empfindungskräfte. Der Wandel benötigt Wissen, Erkennen und Mitempfinden! Sonst verbleiben wir chancenlos im Ego-Tunnel.

Denkend werden meint heute dann zunächst ein neues Niveau von Selbstreflexion zu erreichen. Denn Selbstreflexion steht am Ausgangspunkt der zukunftsgerichteten Denkerfordernis. Selbstreflexion stellt die Voraussetzung dar, unser Eingebundensein in den universalen Charakter des Lebens und des Lebenswillens zu verstehen. Diese Selbstreflexion weist und führt über uns und über das Vorhandene hinaus. Sie erschließt im Erkennen neue Denk- und damit Handlungsdimensionen. In der Selbstreflexion nehme ich meine Lebensberechtigung, meinen Lebenswillen und meine Entwicklungsfähigkeit wahr. Als sich selbst erkanntes Leben kann ich sie so auch anderem Leben zubilligen. Selbstreflexion ist die Voraussetzung für das Entstehen von Selbstrespekt, die Voraussetzung für den Respekt gegenüber dem anderen Leben, ja dem Lebens- und Seinsvorgang an sich. Das Denken und das Erkennen vermögen den auf mich selbst bezogenen Willen zum Leben und zum Handeln, den Willen auch, Glück und Zufriedenheit zu erfahren, zu entgrenzen, ihn zu einem kosmischen Lebenswillen zu verfeinern. Ich vermag dies nicht zuletzt dadurch, dass ich mich als Teil des anderen Lebens erkenne, wie Albert Schweitzer es eindringlich beschrieben hat:

> *„Und Du vertiefst Dich ins Leben, schaust mit sehenden Augen in das gewaltige, belebte Chaos dieses Seins, dann ergreift es Dich plötzlich wie ein Schwindel. In allem findest Du Dich wieder ... überall wo Du Leben siehst – das bist Du!“* (Schweitzer 1995, S. 209)

Wenn Albert Schweitzer so das Einssein des Lebens betont und uns auffordert, in jedem Gegenüber, in jedem Du auch sich selber zu erkennen, so mag dies leicht missverstanden werden als ein undifferenziertes Lebensamalgam. Die wechselseitige Verbundenheit allen Seins und die Befindlichkeit vor allem im ununterbrochenen Strom der Veränderung nimmt jedoch – um dies deutlich herauszustellen – dem Jeweiligen nicht sein Eigensein und sein Besonderes. Einssein meint nicht Gleichheit. Die Anerkennung des Eigenseins in seiner Besonderheit und Einzigartigkeit, auch unter den Menschen, ist das eine; diese Anerkennung auch in anderen Lebensformen, bei gleichzeitiger Ehrfurcht vor dem ungewussten Möglichen der Entwicklung anderen Lebens, ist das zweite; das dritte liegt in der Respektierung der Totalität und des Zusammenhangs des Seins schlechthin, ohne dabei das Besondere des Eigenseins aufzulösen. Aus diesem Dreischritt vermag im Menschen eine Lebenshaltung zu erstehen, welche die Andersheit der Mitlebewesen zur Kenntnis nimmt und akzeptiert, und die die Verschiedenheit, auch unter den Menschen selbst, als notwendig und als Voraussetzung zur Entwicklung annimmt. Das Anderssein im Du der Mitgeschöpfe zu ehren, beendet den Anthropozentrismus und Rassismus des Menschengeschlechts. Das, diese völlig entgrenzte und umfassende Verantwortung für das Leben an sich, ist der außerordentliche Anstoß, den wir Albert Schweitzer in dieser Debatte verdanken.

Lange bevor er sich als philosophische Denkweise zu Beginn des 21. Jahrhunderts etablierte, drückte sich im Weltbild und in der Lebensweise von Schweitzer der Ansatz aus, den wir heute integral nennen. Er fügt im Außen und im Innen unsere unterschiedlichen Denk-, Wahrnehmungs- und Empfindungsweisen zusammen. Ich möchte diese als die fünf Säulen der Vernunft und der Erkenntnis bezeichnen.

Da ist erstens der sogenannte *rationale Weltzugang* durch Analyse, logisches Schließen, wissenschaftliche Erkenntniszugänge etc.

Hier sind Intersubjektivität, Nachvollziehbarkeit, Überprüfbarkeit und Verallgemeinerbarkeit zentrale Kriterien. Es ist das, worauf sich der Blick der verwissenschaftlichen Welt normalerweise beschränkt. Im Leben Albert Schweitzers drückt dies seine Biografie als Wissenschaftler, Forscher und Arzt aus.

Der *sinnliche, erfahrungs- und empfindungsbezogene Weltzugang* steht für die zweite Säule.

Hier spielen unsere reflektierten Erfahrungen, mit denen wir und andere im Leben stehen, die zentrale Rolle. Unsere Erfahrungen werden von den Sinnen gesteuert, und sie sind mit Gefühlen, aber auch mit Hoffnungen und Erwartungen und in der Folge Bewertungen verbunden. Um diese zu erkennen, ist die Reflexion/Selbstreflexion entscheidend. Bei Schweitzer drückt sich dieser Zugang zur Welt in seinem dem Leben zugewandten, empathischen Empfinden und dem entsprechenden Handeln aus.

Es folgt die *Intuition* als die dritte Säule.

In ihr erhalten wir Zugang zu einem Wissen, das normalerweise vor uns verborgen ist. Verdrängtes, aufgrund notwendiger Selektion nicht Wahrgenommenes, Unbewusstes, kollektiv Unbewusstes, aber auch das, was Henri Bergson als *„metaphysisch gegebene Erlebniszeit"* bezeichnet, gehört dazu – nicht zu vergessen das „Bauchgefühl" in Entscheidungssituationen. Die Intuition kann als die unmittelbarste und stärkste Erkenntniskraft des Menschen gesehen werden. Sie ist die Energie, in der Neues zum Durchbruch kommt, in die „Welt" fließt. Sie öffnet Augen für ein Geschehen, das sich dem rationalen Geist alleine nie zur Ansicht böte. Dem Geheimnisvollen öffnet sie das Tor in die Welt. Und sie ist es, die einem verstockten Denken und einem sich selbst im Wege stehenden Geist unter die Arme greift bzw. auf die Sprünge hilft.

Für den französischen Philosophen, Schriftsteller und Literaturnobelpreisträger Henri Bergson (1859–1941), dem bahnbrechende Texte zum Verständnis der Intuition zu verdanken sind, ruht die Wirklichkeit auf geistigem Grunde und kann deshalb auch nur entsprechend erfasst werden – und zwar als Schau des Geistes durch den Geist, die vor dem Unbewussten nicht halt macht. In der Intuition, und das meint Schau, entsteht in einem hochkomplexen Akt der Koordination aus einzelnen bewussten und unbewussten Erkenntniselementen ein neues Ganzes, eine neue Wissensgestalt. Sie fällt uns zu, oder besser: wird uns geschenkt, ohne dass wir den Weg nachzeichnen können, den sie ging. Exemplarisch zeigt sich bei Albert Schweitzer die intuitive Erkenntniskraft in dem berühmt gewordenen Moment während einer mehrtägigen Flussfahrt im September 1915, als in ihm in *„Müdigkeit und Verzagtheit“* der Begriff der *„Ehrfurcht vor dem Leben“* aufstieg und geboren wurde.

Weisheit formt die vierte Säule der Erkenntnis.

Die großen Weisheitslehren und Weisheitsschulen auf dieser Erde halten einen unerschöpflichen Schatz an Lebenswissen bereit, das kostbar ist für nahezu jede Lebens-, Klärungs- und Entscheidungssituation. Dieses Wissen ist von seinem Charakter her in gewissem Sinne überzeitlich, was etwa in den ethischen Traditionen der Weltreligionen zum Ausdruck kommt. Weisheit stellt immer wieder die notwendige Distanz zu der Verfangenheit im Moment und der Wahrnehmungsbegrenzung in der Situation her. Sie weitet den Blick über uns hinaus und stellt uns in Beziehung mit dem Ganzen (Gesellschaft, Kultur, Natur, Kosmos). Der Lebensweg des Urwalddoktors, Leben-Jesu-Forschers, Theologen, Bachkenners und Orgel-Virtuosen folgte von jungen Jahren an den Pfaden der Weisheit. Sein Handeln war getränkt mit dem Serum überzeitlichen Heilswissens.

Kontemplation und Achtsamkeit stehen schließlich für den fünften und letzten Erkenntnis- und Weltzugang.

Wir sprechen hier von dem Weg und der innere Haltung hin zu einem integrativen und mit dem Leben versöhnten Sein. Zugleich errichtet die kontemplative Ausrichtung einen inneren Heimatraum, in dem ich bei allen Stürmen des Lebens eine letzte Geborgenheit finde. Hier entstehen jenseits unserer Gedankenwelten, Konstruktionen und Illusionen die Kraft und die Klarheit und das Vertrauen zum umsichtigen Handeln. Hier findet auch die über den Tag hinausweisende Vision ihren Platz und ihren Raum zur Entfaltung. Kontemplation, dieses in tiefer Stille Einswerden mit dem Innersten, dem Heiligsten und die Haltung der Achtsamkeit geben den ersten vier Säulen erst ihre Tiefe. Es ist unvorstellbar, woher Albert Schweitzer seine Ausrichtung, seine Klarheit und seine Handlungskraft hätte nehmen sollen, wenn nicht aus dieser Quelle, die ihm, den wir auch als Mystiker bezeichnen können, eingegeben war.

Immer wieder wird im Prozess des Lebens die eine oder andere Säule zum momenthaft tragenden Weltzugang werden. Doch gerade dann ist es wichtig, dass wir die anderen im Horizont und in der Hintergrundstrahlung des Bewusstseins halten.

Lebens-Stil

Was folgt aus den Grundpfeilern der Schweitzerschen Lebensethik als mögliche Anforderung für unsere zukünftige Lebensweise? Wie lässt sich der konviviale Imperativ, dass gut ist, was dem Leben dient, es fördert und seine Potentialität freisetzt und böse das ist, was Leben hindert, blockiert und schädigt in eine entsprechende Lebensweise und einen angemessenen Lebensstil transformieren?

Hier muss nichts neu erdacht, nur neu gedeutet werden. Ich möchte mich dabei an den drei mönchischen Tugenden orientieren. Sie sind, wenn wir das alte Vokabular abstreifen, von wunderbarer Klarheit und Tiefe. Armut, Keuschheit, Gehorsam – so lauten die Gelübde. Was kann das meinen für jeden von uns in seinem Alltag?

Einfachheit

Armut, im mönchischen Leben als Besitzlosigkeit verstanden, ist heute, wo hunderte Millionen von Menschen ihre Existenz in Elend verbringen müssen, wahrhaft kein erstrebenswertes Ideal. Gemeint ist in der Tiefe des Begriffs aber auch etwas anderes, das ich Einfachheit nennen möchte. Einfach leben heißt einfach leben ... den Lebensimpulsen auf den verschiedenen Ebenen nachgehen, nicht den Verdinglichungen, der Warenästhetik und dem Rausch des Konsumierens. Wir können das verstehen als den Verzicht auf das, was es zu einem Leben in Würde nicht braucht. Diese Formulierung lässt die notwendige Freiheit, denn Würdehaftigkeit kann man nicht abstrakt und extern bestimmen, sondern immer nur konkret persönlich. Sie hängt ab von den Lebensumständen und auch von kulturellen Faktoren. Allerdings sollte durch diese Freiheit keine Beliebigkeit attestiert werden. Sie schließt bspw. die Anhäufung von Kapital um der Anhäufung willen, als Selbstzweck, der mit der notwendigen Zuwendungsintensität verbunden ist, aus. Auch meint es das, was ich habe, dem spekulativen und ausbeuterischen Todeskreislauf des Großbankensystems zu entziehen. Geld im Sinne der Lebensethik hat nur einen Sinn: Dem Leben zu dienen.

Gleichzeitig sieht sich Würde in Beziehung zu dem, was wir Vornehmheit nennen können. Epikur (341–271 v. Chr.) weist uns darauf hin, dass wer sie in ihrer Beziehung zur Einfachheit oder Schlichtheit des Lebens nicht beachtet, *„ähnliches erleidet wie jener, der in die Grenzenlosigkeit des Genusses verfällt."* Diese Einfachheit liegt auf einer Ebene mit der Tugend des angemessenen Maßes, von der Thomas von Aquin (1225–1274) spricht.

Einfachheit hat aber auch eine innere Seite – und damit ist die Weise des Blicks auf das Leben gemeint. Der vom britischen Geheimdienst ermordete Zeitgenosse von Albert Schweitzer und frühere UNO-Generalsekretär Dag Hammarskjöld (1906–1961) hat dazu in seinem Bändchen „Zeichen am Weg" folgendes geschrieben:

„Einfachheit heißt,
die Wirklichkeit nicht in Beziehung auf uns zu erleben,
sondern in ihrer heiligen Unabhängigkeit.
Einfachheit heißt, sehen, urteilen und handeln von dem Punkt her,
in welchem wir in uns selber ruhen.
Wie vieles fällt da weg!
Und wie fällt alles andere in die rechte Lage!
Im Zentrum unseres Wesens ruhend
begegnen wir einer Welt,
in der alles in gleicher Art in sich ruht.
Dadurch wird der Baum zu einem Mysterium,
die Wolke zu einer Offenbarung
und der Mensch zu einem Kosmos,
dessen Reichtum wir nur in Bruchteilen erfassen.
Für den Einfachen ist das Leben einfach,

aber es öffnet ein Buch,
in welchem wir nie
über die ersten Buchstaben hinauskommen.“
(Hammarskjöld 1956, S. 93 f.)

Näher kann man nicht am Schweitzerschen Denken und Empfinden formulieren, und ich vermute, dass es auch dieses war, das Jesus meinte, als er davon sprach, zu werden wie die Kinder.

Geist des Nichtverletzens

Keuschheit wird im mönchischen Leben in erster Linie als sexuelle Enthaltsamkeit und die Ausrichtung der Liebes- und Erosenergien auf das Göttliche hin verstanden.

Ich möchte Keuschheit übersetzen als Leben im Geist des Nichtverletzens. Es geht hier darum, anderem Leben nie in der Haltung willentlicher Überschreitung gegenüberzutreten, die letzte Unschuld, die jeder von uns hat, die jedes Leben hat, zu bewahren. Es meint, Leben in respektierender Liebe und Bewahrung zu begegnen, denn wenn ich in der wahren Liebe bin, dann kann ich nichts falsch machen, wie uns Aurelius Augustinus (354–430) lehrt. Heute, von dem umfassenden Lebensverständnis Albert Schweitzers her kommend, kann Nichtverletzen sich allerdings nicht mehr alleine auf die Begegnung mit anderen Menschen beschränken, sondern sie bezieht die Pflanzen und Tiere mit ein. Und es ergibt sich daraus in einer Todeskultur wie der unseren, in der jährlich allein in Deutschland etwa 60 Millionen Schweine überwiegend unwürdig gehalten und geschlachtet werden, eine vegetarische Lebensweise als Selbstverständlichkeit. Das ist, wohlgemerkt, heute nicht nur eine ökologische und ethische, es ist eine zutiefst spirituelle Frage.

Gewissensorientierung

Bleibt der *Gehorsam,* im mönchischen Leben auf Gott, auf sein offenbartes Wort, aber auch auf die Repräsentanten auf Erden, bezogen. Ich möchte Gehorsam fassen als Gewissensorientierung. Denn unser Gewissen ist eine untrügliche Instanz, die allerdings der Pflege und Achtsamkeit bedarf. Es ist ja auch die letzte Instanz, der letzte Prüfstein bezogen auf das, was wir das Ethos nennen. Das Gewissen zu schärfen, führt heute, auf unserem Bewusstseinsniveau, in die Empathie mit dem Leben an sich und spürt den Resonanzen nach, die durch die Begegnung ausgelöst werden. Gewissensorientierung meint Hören und durch das Hören hindurch lernen, die Geister zu unterscheiden. Hören nun führt uns zu dem, was wir Kontemplation, innere Achtsamkeit, Kultur der Stille nennen. Das Gewissen, seine Schärfung und der innere kontemplative Raum bilden eine Einheit. Ich möchte diesen Aspekt nur auf einen Wesenspunkt hin verdichten, die Kontemplation.

Der Lärm der Gegenwart lastet wie ein Fluch über der Menschheit. Vor den Bildern, Tönen und Geräuschen der Industriezivilisation gibt es kaum mehr ein Entkommen. Seit den Zeiten Albert Schweitzers hat sich dieses Problem noch einmal geradezu unglaublich potenziert. Kehrt einmal Stille ein, ist sofort ein Gerät zur Hand, das von ihr erlöst. Die Ablenkungskultur funktioniert in erschreckend perfekter Weise. Stille und Besinnung sind ihr Todfeind. Der Mensch flieht vor sich selbst, weicht sich und seinen Seinsanfragen aus. Er verlernt, auf das Leben in seinen vielfältigsten Formen zu hören. Wie soll er so die stummen Schreie der geschundenen Kreatur wahrnehmen? Schließlich blockiert er jene tieferen Erkenntnisse und Einsichten, die nur zu erzielen sind, wenn der Rhythmus der sich endlos wiederholenden elektronischen Botschaften und des alltäglichen Geschwätzes unter- und durchbrochen wird.

Diesem uns im Alltag so leicht entgleitenden Zugang zum Hören der Stimmen des Lebens, incl. der geistigen Welt, nähern wir uns in der Kultur der Stille wieder an und tauchen in sie hinein. Hier werden die Augenblicke geboren, in denen das Zeitlose aufscheint. Und mit dessen Emporsteigen legen wir für einen Moment die Gewänder und Masken ab, mit denen wir uns auf der Bühne des Lebens bewegen. Die Ablenkungen, derer das sich selbst ausweichende Leben bedarf, und die Langeweile, die einsetzt, wenn ihr Reiz ermüdet – beide lösen sich im Heimatraum des Schweigens als Täuschung auf. Das kontemplative Schweigen reinigt, erfüllt und führt in inneres Wachstum. Und es heilt in dem ihm eigenen Heimatraum die gejagte und zerrissene Seele. Vor dem verwundenden Außen schirmt dieser Raum uns ab, nach innen lässt er heilende Energien zu, im Innen erweckt er Hingabe, Selbstheilungskräfte und den visionären Blick. Wo wollen wir auf das im denkenden Bemühen nicht zu Erfassende treffen, wenn nicht im Schweigen und der tiefen Stille? Hier entsteht eine Gewissheit, die nicht zur ergebnislosen Verstrickung in ein Für und Wider provoziert. Die kontemplative Haltung stellt den nach Orientierung suchenden Menschen in eine neue Beziehung zu sich selbst, zu den Systemen, die ihn umgeben und vor allem zu dem Lebensimpuls an sich. Es ist nicht überzogen, festzustellen, dass sie eine tiefgreifende Intervention in Sein und Bewusstsein mit sich bringt. Mit ihrem Voranschreiten entwickeln sich Achtsamkeit, Ethos, Klarheit, Übersicht und Gelassenheit mit.

Der Kairos

Alles Streben, alles Wachstum und alle Wandlung bleiben gehalten in den Grenzen und der erdgebundenen Endlichkeit des Menschen. Auf sie ist unsere Existenz verwiesen. Innerhalb ihrer Koordinaten will der Weg sich vollenden und die Suche sich erfüllen. Sprechen wir von Grenzen, so sprechen wir vom Raum, vor allem aber von der Zeit. Wir denken, fühlen, handeln und erleben in zeitlichen Abläufen. Erwartungen und Hoffnungen treten uns in zeitlichen Dimensionen gegenüber. Und selbst das Unendlichkeitsstreben und der Sehnsuchtsdrang liegen auf der Linie der Zeit. In zeitlicher Herausforderung stehen alles Woher und alles Wohin.

Verfügbar ist für den denkenden und handelnden Menschen immer nur der Augenblick und das in ihm sich offenbarende unmittelbare Gegenwartsbewusstsein. Im Hier und Jetzt liegt aller Gestaltungsraum, entfaltet sich Spiritualität, wird und erschöpft sich jede Möglichkeit. Liebe, Freiheit, Friede, Gerechtigkeit und die Verantwortung dafür verbleiben bloße Ideale des Geistigen, werden sie nicht in der Unmittelbarkeit des Moments gelebt. In ihr wird die Energie befreit, die das Augenblickshandeln zu einer Brücke und einem Übergang in Zukunft erhebt. Sie allein holt aus der

Gleichgültigkeit eines dahinfließenden Chronos. Wir nennen dieses Bewusstsein von Unmittelbarkeit und der Herausforderung, im rechten Moment zu handeln, Kairos.

Kairos-Erfahrung durchbricht stetige Bewegung. Vergangenheit und Zukunft lösen sich als voneinander Getrenntes auf, werden durchlässig füreinander. Jede Person ist einmalig, gestellt in Zeit und Geschichte und mit der Verantwortung beschenkt, dass das, was sie nicht tut, in dieser Weise sonst niemand tut. Die Zeit vom Kairos, vom besonderen Augenblick her zu betrachten, heißt, sie im schlechthin Bedeutungsvollen zu betrachten: für sich, an sich, für unsere Gattung.

Das rechte Handeln zur rechten Zeit geschieht aus der Reife. In der Zeit bereitet sich wachsend vor, was später seinen momenthaften Durchbruch erzielt. Und so gehört zur Bedeutung und zum Erkennen des Kairos, dass es oft zahlreiche kleine Schritte waren und sind, die sein Kommen vorbereitet bzw. seine Annahme ermöglicht haben.

Kairos-Momente sind unverfügbar. Werden sie im Falle ihres Kommens aber nicht wahrgenommen, dann bringt keine Zeit der Welt sie je zurück. Unerwartet also, wenn auch vorbereitet in der Zeit, tritt der Kairos ans Licht. Er kreuzt und durchkreuzt unsere Zeitpläne. Er durchbricht die Linearität des Lebens, die sich ja auch in dem ununterbrochenen Verhältnis der Augenblicke untereinander äußert und die damit verbundenen „Sicherheiten". In kairosförmiger Existenz zu leben, heißt, im Bewusstsein universeller Verantwortung und zugleich der entsprechenden Handlungserfordernisse zu leben, allen existentiellen Unsicherheiten zum Trotz. Die Biographie des Mannes aus Lambarene gibt Zeugnis einer wahrhaften kairologischen Existenz: Wahrnehmen, Empfinden, Denken, Erkennen – Handeln ...!

Der Kairos muss auch von der „Ewigkeit" her verstanden und auch daraufhin gedeutet werden. Das durch den Kairos bestimmte Handeln erfährt Führung aus und für eine Welt, die kommt. Dies ereignet sich zwar in der Gegenwart, aber es ist nicht bloß für sie bestimmt. Ewigkeitsbezug ist zu kostbar, als dass er sich im geschäftigen Tun immer nur für den bloßen Moment verlieren dürfte. Mit der Kraft und der Fülle des Moments, die dem Kairos innewohnen, kann jedes Schicksal sich entscheiden, der Aufstieg aus jedem Schattenreich gelingen. Denn Kairos lehrt uns, dass das Mögliche jederzeit existent und präsent ist. Was immer auch gestern war, jetzt, in diesem Moment kannst du umkehren und das Leben neu gestalten. Dies gilt sowohl für den einzelnen Menschen als auch für Gemeinschaften, Völker und Kulturen, ja unsere Gattung an sich. Dann werden wir von endlich von Suchenden zu Findenden, wie der Zeitgenosse von Albert Schweitzer, Pablo Picasso (1881–1973) es einmal formuliert hat:

> *„Ich suche nicht – ich finde. Suchen – das ist Ausgehen von alten Beständen und ein Finden-Wollen von bereits Bekanntem im Neuem.*
> *Finden – das ist das völlig Neue!*
> *Das Neue auch in der Bewegung. Alle Wege sind offen und was gefunden wird, ist unbekannt. Es ist ein Wagnis, ein heiliges Abenteuer!*
> *Die Ungewißheit solcher Wagnisse können eigentlich nur jene auf sich nehmen, die sich im Ungeborgenen geborgen wissen, die in die Ungewißheit, in die Führerlosigkeit geführt werden, die sich im Dunkeln einem unsichtbaren Stern überlassen, die sich vom Ziele ziehen lassen und nicht – menschlich beschränkt und eingeengt – das Ziel bestimmen.*
> *Dieses Offensein für jede neue Erkenntnis im Außen und Innen: Das ist das Wesenhafte des modernen Menschen, der in aller Angst des Loslassens doch die Gnade des Gehaltenseins im Offenwerden neuer Möglichkeiten erfährt."* (zit. n. Gohr 2006)

Mystik und Vision

Ein integraler Blick auf das Leben Albert Schweitzers zeigt uns diese Gestalt in einer Bewegung, die Politik und Mystik vereint. Sie überwindet den Gegensatz eines die Moderne bestimmenden dualistischen Denkens, das beide trennte. Schweitzer lehrt uns mit dem Beispiel seines Lebens, dass für eine Mystik und eine Spiritualität, die diesen Namen verdienen, es kennzeichnend ist, dass sie gleichsam alles an Denken, Empfinden und Tun des jeweiligen Menschen durchleuchten. Der tiefe geistige Weltzugang ist nicht teilbar. Es liegt auf der Hand, dass dies nicht ohne einen stetigen Neu- und Selbstentwurf geht. Keine Weltverbesserung ist denkbar ohne Selbstverbesserung. Wir sprechen hier deshalb nicht nur von etwas Möglichem, sondern auch von etwas Nötigem – für das Ganze und für mich. Der Schweizer Kulturanthropologe Jean Gebser (1905–1973):

> *„Wer sich ... seinem Auftrag, der ein geistiges Ansinnen ist, entzieht, handelt gegen den Ursprung. Wer gegen ihn handelt, hat keine Gegenwart, heute so wenig wie morgen ... Ein jeder ist frei, es zu leisten. Wer diese Freiheit verspielt, verspielt sein Leben und seinen Tod."* (1995, S. 138 f.)

Mit einem starken Bild hat Albert Camus (1913–1960) der Notwendigkeit des kontinuierlichen Selbstentwurfs einen Ausdruck gegeben. Er wählt dazu die antike Gestalt des Sisyphos und damit jene Figur, die dem Absurden in der menschlichen Existenz widersteht. Von den Göttern dazu verurteilt, unablässig einen gewaltigen Stein einen Berg hinaufzuschieben, nur um ihn dann wieder nach unten rollen zu sehen, nimmt er in Größe sein Schicksal an. Er jammert nicht, sondern erkennt darin seine Berufung. Und so bietet er den Göttern die Stirn, die ihn leiden sehen wollten. Die gegebenen Grenzen werden zu seinem Ermöglichungsraum, ja zu seiner Freiheit! Wir stellen uns vor, wie er mühsam den Stein nach oben wälzt. Dann atmet er tief durch, reflektiert das Getane, weitet den Blick auf dem Gipfel des Berges und begibt sich gemessenen und leichten Schritts wieder nach unten ins Tal. Es ist diese Haltung, die entgegen den Absurditäten des Menschheitshandelns in dieser Weltzeitstunde tragen kann. Es ist die Haltung des Hindurch, des immer wieder Aufstehens, auch wenn dein Schicksal darin zu bestehen scheint, immer wieder zu fallen. Und so schlussfolgert Albert Camus:

> *„Der Kampf gegen Gipfel vermag ein Menschenherz auszufüllen. Wir müssen uns Sisyphos als einen glücklichen Menschen vorstellen."* (Camus 1998/1956, S. 128)

Doch woher erhalten Erkennen, Selbstentwurf und das gelassen gestaltende Hindurch ihre Orientierung? Es ist die Vision.

Ohne Vision, ohne die große leitende Idee bleiben wir als Personen, als

Kulturen und als Gattung insgesamt der Gegenwart ausgeliefert und ersticken in einer ökonomischen Sachlichkeit, die ausnahmslos alles, den Menschen inbegriffen, als Sachen und als Dingliches behandelt. Zugleich verlieren wir uns in den unzähligen Verführungen der Dinge des Alltags, die es verstehen, uns ganz zu absorbieren.

Vorhandene Optionen lassen sich ohne leuchtendes Leitbild nur schwer entdecken bzw. erkennen. Und ohne den Blick auf das, was möglich ist, werden keine Kräfte befreit, die in Entschluss und Verwirklichung führen. Stattdessen entsteht im selben Atemzug Raum für anderes, das in die Entfaltung drängt, mag es auch ganz anderen Zielen folgen als denen von Leben, Liebe, Schönheit, Gerechtigkeit und Würde. Die Identifikation vieler, vor allem junger Menschen, mit dem lebensverachtenden Erfolg fundamentalistischer Gewalt und den dahinter stehenden kruden religiösen und politischen Vorstellungen kann genau vor diesem Hintergrund betrachtet und verstanden werden.

Sei sie auch noch so elementar und auf Langfristigkeit hin orientiert, so lebt und überzeugt eine heute notwendige Vision von der grundsätzlichen Erwartung ihrer Chance auf Verwirklichung. Ansteckung für den lustvollen Aufbruch in eine lebenswerte und dem Leben dienende Zukunft charakterisiert ihr Wesen. So stiftet sie Sinn. Sie begeistert, ermutigt, hält auf dem Weg und nährt. Verwirklichung geschieht durch den Aufbruch als Prozess und die damit verbundenen Gegenwartsveränderungen. Die Vision der uneingeschränkten Ehrfurcht vor dem Leben vermag genau dieses zu leisten.

Sei die uns umgebende alltägliche Realität auch noch so unerträglich und lebensfeindlich, nie darf sie eine Macht entfalten, in der wir fliehen. Die Herausforderung menschlicher Existenz liegt immer im Inmitten. Von dort beginnt der Weg in das darüber hinaus mit der Vision als Leitstern. ‚Also finde deinen Platz, wo du dies leben kannst.' Genau dieses ist die Aufforderung, die aus dem Leben Albert Schweitzers zu uns dringt – und wenn unsere Ohren nicht verschlossen sind, unüberhörbar!

Literatur:

- *Eurich, Claus: Über den eigenen Schatten springen. Vom Ego in die Liebe zum Leben. Petersberg 2015*
- *Eurich, Claus: Aufstand für das Leben. Vision für eine lebenswerte Erde. Petersberg 2016*
- *Gebser, Jean: Einbruch der Zeit. Schaffhausen 1995*
- *Gohr, Siegfried: Ich suche nicht, ich finde: Pablo Picasso – Leben und Werk. Köln 2006*
- *Hammarskjöld, Dag: Zeichen am Weg. München 1965*
- *Albert Schweitzer: Aus meinem Leben und Denken. Hamburg 1980*
- *Albert Schweitzer: Was sollen wir tun? 12 Predigten über ethische Probleme. Heidelberg 1985*
- *Albert Schweitzer: Albert Schweitzer Lesebuch. München 1995*

„Eine neue Renaissance muss kommen,
viel größer als die Renaissance, in der wir
aus dem Mittelalter herausschritten:
die große Renaissance, in der die Menschheit
entdeckt, dass das Ethische die höchste
Wahrheit und die höchte Zweckmäßigkeit ist ...“

Albert Schweitzer, Kulturphilosophie I und II, S. 87f

FRIEDRICH SCHORLEMMER

Albert Schweitzer – ein „Genie der Menschlichkeit"

ZUM TAG DER MENSCHENRECHTE AM 10. DEZEMBER 2018

Wenn wir die von Albert Schweitzer erkannte und gedeutete„Ehrfurcht vor dem Leben", vor allem Leben, nicht in uns aufnehmen und im praktischen Verhalten wirksam machen, dann wird der „Garten der Welt" zur Wüste der Verheerung.

Friedrich Schorlemmer

Albert Schweitzer war ein in sich stimmiger Mensch. Ein deutscher Gelehrter, der in wissenschaftlicher Gelehrsamkeit mit seinem Ruhm als Theologe, Philosoph und Bach-Forscher nicht sein Genüge finden mochte – solange es Menschen gibt, die verhungern und verkommen, verlassen und vergessen sind, wo Menschen-, Natur- und Kreaturrechte elementar – zum Himmel schreiend! – verletzt werden. Er dachte und handelte – wie wir es heute sagen würden – *global*. Und er suchte den Ort auf, an dem er *lokal* nützlich sein könnte. Er wollte kein Vorbild sein, sondern schlicht, kompetent, konsequent dem Vorbild eines Jesus folgen, der sich um die Mühseligen und Beladenen bekümmerte.

Tief innen verspürte er (Mit)-Verantwortung für leidende Geschöpfe. Das trieb ihn um und an. Hilfe ist nötig. Hilfe ist möglich. Hilfe braucht Subjekte, die sie bringen, mit ganzem Einsatz, mit aller zur Verfügung stehenden Kompetenz, mit Einfühlung und Willenskraft.

Das vertiefte Nachdenken über Jesus und unsere heutige ganz persönliche Beziehung zu ihm, brachte ihn auf den Kern seiner Botschaft: die Liebe, die Gottesliebe, die (auch) in der Nächstenliebe ihren Ausdruck findet, jedenfalls nicht ohne diese denkbar ist. Denn auf Liebesethik läuft die Botschaft des Zimmermannsohnes aus Nazareth hinaus.

In einem bahnbrechenden Buch über die Leben-Jesu-Forschung hatte Schweitzer klargemacht, dass die Ethik Jesu im Wesentlichen eine Interimsethik ist, die ganz von der Vorstellung eines nahe hereinbrechenden Weltuntergangs und Weltgerichts ausging. Wenn man diese Botschaft von ihren zeitbedingten Vorstellungen löst, bleibt eben eine Liebesethik übrig, die freilich nicht diverse Moralkataloge meint, sondern auf ein selbstverantwortetes Tun aus ist, die nicht auf Dogmen über das *„Wesen des Gottgesandten"*, sondern auf eine Beziehung aus ist: auf eine Dreiecksbeziehung zwischen Gott, dem Mitmenschen und der Mitkreatur. Dieses Beziehungsdreieck erreicht den Einzelnen als Anruf in seinem Innersten und führt zu äußerstem, ganz persönlichem Einsatz.

Menschsein ist in seinem Kern Mit-Menschsein. Und Menschsein heißt zugleich, sich selbst als eine Mitkreatur zu erfahren, zu empfinden und zu verhalten. Er entwickelt in konsequentem Denken und in seinem Lebensvollzug eine Jesus-Mystik, sich stets fragend, was es heißt, mit Jesus verbunden zu sein, was es heißt, dass Jesus für uns da ist, für uns und für die ganze Welt im Innersten motivierend und orientierend wirkt.

Das Globale bewährt sich im Lokalen, aber es ist nicht aufs Lokale zu begrenzen oder einzugrenzen. Die Liebe, die Jesus ausstrahlt und mitteilt, wird zur selber bewährten Liebe dessen, der aus Erfahrung empfangener Liebe und aus Dankbarkeit für empfangene Gaben, Begabungen, Fähigkeiten lebt. Geliebtsein wird zur tätigen Liebe. Und Liebe ist zunächst ein Gefühl, das freilich nicht im bloßen Gefühl ihr Genüge findet, sondern erst im praktischen Tun, aus dem verpflichtenden Gefühl des aktivierten Mitleides heraus. Aus dem Sehen des unendlichen Leides in der Welt wird allzu leicht ein resignatives Übersehen, ein Kapitulieren angesichts der Größe der Aufgaben, bis hin zu einer Selbstbeschränkung auf den lokalen, familiären, kirchlichen oder nationalen Bereich.

Das Sehen des Leides kann andererseits zu einem direkten Anruf Gottes werden, selber zu helfen und das Seine ganz zu tun. *„Glück ist Hilfe"* schrieb der späte Brecht. *„Höchstes Glück ist doch, zu spenden/Denen, die es schwerer haben …"* schrieb er im „Lied des Darmwäschers".

Schweitzer ist sein Leben lang Theologe geblieben. Oder muss man nicht besser sagen, ein Christ, der seine Kraft täglich aus der Heiligen Schrift bezog und diese vor anderen auslegte bis ans Ende seiner Tage?! Er vermochte es, einfach und tief zugleich zu sein. Unmittelbar vor seiner Abfahrt nach Lambaréné im Jahre 1913 sagte er in einer Morgenpredigt zu seinen Gemeindemitgliedern, dass er es als unaussprechliches Glück empfunden habe: *„...euch das Evangelium predigen zu dürfen"*. Pfarrer hätten die Aufgabe, die Gemeinde zu lehren, die Bibel zu verstehen und sie lieb zu gewinnen. Glaube sei zentrale Lebenshilfe; Glaubenskenntnis führe zu Lebenserkenntnis und die Lebenskenntnis zu besserer Lebensbewältigung.

Jeder Mensch fragt nach sich und seiner Aufgabe in der Welt. Er fragt sich, wozu er eigentlich da ist, was er im Leben will und was er hoffen darf. (Im Anschluss an die berühmten Fragen Immanuel Kants *„Was ist der Mensch?"*).

Das Evangelium mit seiner Erwartung des Reiches Gottes, verkündet von diesem wunderbaren, überzeugenden Menschen Jesus aus Nazareth, hilft, das Leben zu bestehen. Und in allem Leid eine Sinnperspektive zu behalten.

Schweitzer hatte stets eine große Freude am Predigen und zugleich immer Angst, Dinge zu sagen, die er nicht genügend vertieft hatte oder gar eine Predigt zu halten, die nicht gelebt ist - vom Prediger selbst. Das hat ihm bisweilen den Vorwurf eingebracht, er würde das Evangelium moralisieren, zu einer neuen Art Werkgerechtigkeit kommen.

Ihn zeichnete die besondere Fähigkeit aus, in kurzen Sätzen zu sprechen und auch kürzere Schriftauslegungen vorzulegen, als dies evangelischen Pfarrern gemeinhin gelingt. Glücklich war er, wenn er sein Ziel erreicht und den Zuhörenden, den Mitdenkenden das Dramatische, ja das Kämpferische der Worte Jesu ebenso erfahrbar gemacht hatte, wie er das Verheißungsvolle darin spürbar werden lassen konnte. Er vertrat nicht bloß eine schlichte Nachfolgeethik, sondern wollte immer auch ein „Leben mit Jesus" führen - in Bestimmtsein von ihm, in einem innersten Ergriffensein davon und nicht bloß in einer Verbal-Lehre.

Gegenüber der reformierten Tradition hielt er daran fest, dass der Kirchenraum nicht auch noch nüchtern sein dürfe, weil der protestantische Gottesdienst an sich schon recht nüchtern sei.

Wenn der Blick der Gemeindeglieder überall auf Mauern pralle, dann könne gar keine Andacht aufkommen! Der Blick des Zuhörers müsse auch im Raum schweifen können. Es ist der Blick in die schönen gotischen Räume, aber auch der Blick in die Natur und in die Alltagswelt, die den Menschen die Seele (nicht nur die Augen!) für das Wunder der Schöpfung öffnet. Bereits in Günsbach hatte er geschrieben:

„Das Auge bedarf stimmungsvoller Ferne, in der das äußerliche Schauen zum innerlichen sich wandelt."

Natürlich hat Schweitzer am Anfang des 20. Jahrhunderts unter weit verbreiteter Gleichgültigkeit und Interesselosigkeit der großen Menge der Menschen gegenüber dem Glauben gelitten. Offen hat er bekannt, dass es nicht sehr erquickend ist, in einer solchen zweifelnden oder ganz gleichgültigen Zeit Pfarrer zu sein. Aber wenn die Verkündigung des Evangeliums darin bestünde, Zweifel auszureden und „rechte Lehren" zu verteidigen, so wäre doch das Predigen das traurigste und erfolgloseste Amt. Er verdichtet seine Kernbotschaft so:

„Bleibt nicht stehen, sondern geht auf Jesus zu. Sein Evangelium, diese frohe Botschaft, darf man freudig und gewiß verkündigen und annehmen. Das führt zu einer Kräftigung – und beim Sich-Sammeln erfolgt ein Sich-Erheben des Geistes mit anderen Menschen. So bleibt der Geist nicht matt und müd, und seine inneren Lebenskräfte werden gestärkt."

Obwohl er eine ziemlich hohe Stimme hatte, konnte er doch auch tausend Hörer in seinen Bann ziehen. So schreibt der Philosoph Karl Löwith nach einer Rede, die Schweitzer 1932 gehalten hatte:

„Dieser unvergleichliche Mensch, Christ, Arzt, Mystiker und Gelehrte, hielt an der Münchener Universität drei Vorträge, deren Sprache und Inhalt so effektlos wie eindringlich war. Ich habe nie wieder einen Redner gehört, der bloß durch die stille Macht seiner schlichten Persönlichkeit, schon an einigen wenigen, leise gesprochenen Sätzen, eine mehr als tausendköpfige Zuhörerschaft so völlig zum Hörer gewann. Was von ihm ausging, war ... der Ernst des Friedens und der Zauber der Mäßigkeit".

Schweitzer hat sich stets sehr intensiv vorbereitet und das meiste auch aufgeschrieben, dann aber frei geredet, eben von dem, was ihn jeweils besonders bewegte. Er hat sich in seinen Predigten selbst offengelegt gegeben und dabei seine kraftvolle Persönlichkeit offengelegt. So kann er in einem Brief an Helene Bresslau von sich sagen: *„Meine letzten Predigten haben mich erschöpft – ich habe, wenn man das kann, zuviel von meinem Herzen* *hineingelegt"*. Ihm ging es nie nur um das Reflektieren, sondern auch darum, wie das Gesagte praktisch werden könne.

Und so predigt er über den Mut zum Anpacken der Zukunft und über die Kraft, die von einer Hoffnung ausgeht, die ihn selber überkommt, wenn er die Evangelientexte oder den Apostel Paulus liest, die Texte meditiert, sie in die Zeit und an den Ort eintragend, an denen er selber zu sprechen hat.

Immer hat er es unternommen, zu Zeitfragen Stellung zu nehmen und Kritik zu üben, ob nun zur Kolonialpolitik der westlichen Länder bereits 1905, oder zur Wiederaufrüstung in Zeiten des Kalten Krieges seit 1946 – insbesondere gegen die atomare Aufrüstung und die Atombombe selbst. Er selber bleibt so tapfer wie vorausschauend, schaut er doch nie auf öffentlichen Beifall, sondern vertritt offenherzig die von ihm erkannten Wahrheiten. So wagt er es, in der Predigt zum Totengedächtnis nach dem Ersten Weltkrieg, am 24. November 1918, über die Schuld zu sprechen, die über alle Grenzen hinweg alle am Krieg Beteiligten sich aufgeladen haben. Er ruft zu umfassender Besinnung auf. Und das zu Zeiten, da sich die Besiegten ihre Wunden leckten, im Sinnlosen des Sterbens und Hinmordens von Millionen noch immer einen Sinn suchend und die Gewinner nach der Kapitulation alle Schuld auf die Verlierer abzuwälzen suchten.

Er predigte am 24. November 1918 in St. Nicolai zu Straßburg über einen Text aus der Offenbarung (Kap. 21,4): *„Und Gott wird abwischen alle Tränen von ihren Augen, und der Tod wird nicht mehr sein, noch Leid, noch Geschrei, noch Schmerz wird mehr sein; denn das erste ist vergangen"*. Er ist mit hoher Einfühlsamkeit bei allen, die einen Menschen in dieser Urkatastrophe des 20. Jahrhunderts verloren haben.

> *„War es uns nicht, in diesen langen Monaten, wenn es still und dunkel um uns war, als hörten wir ein Jammern und Klagen von Erden zum Himmel steigen? Wir wollten uns davor verschließen. Aber es half nichts, es klang dennoch an unser Ohr. Nun gehört dieses Weh der Vergangenheit an. Sie haben ausgeduldet, die Menschen, die von Menschenhand litten und starben. Gott hat abgewischt die Tränen von ihren Augen und Leid und Geschrei und Schmerz sind nicht mehr für sie. Wie wollen wir ihr Gedächtnis feiern? Seid ihr schon hinter dem Sarg eines Menschen, der ein Stück Leben für euch bedeutet, dahingegangen und habt dann im plötzlichen Entschluss euch mit die-*

sem, dem Leben schon ENTRÜCKTEN euch durch ein Gelöbnis verbunden, indem ihr den Entschluss fasstet, im Gedenken an ihn hinfort etwas zu meiden oder zu tun? So, glaube ich, müssen wir, Menschen aller Völker, denen, die in dem Krieg gefallen sind, etwas geloben. Geloben wir ihnen zunächst das Selbstverständlichste und Einfachste: daß wir ihrer nicht vergessen werden."

Dabei widmete sich Schweitzer mit besonderer Fürsprache den Hinterbliebenen, wandte sich an die Kriegswitwen, an die Mütter, die Schwestern und Kinder der sogenannten „Gefallenen".

Und was ist den Toten noch zu geloben?

„Daß ihr Tod nicht nutzlos gewesen. Sie haben sich dahingegeben, in allen Ländern, um jeder sein Volk vor den Greueln des Krieges zu bewahren und ihm die Freiheit zu erhalten. Und jedes Volk muß seinen Toten dafür danken. In den Ländern, denen der Sieg beschieden war, wird die Bedeutung ihres Todes mit dem Jubel, der über die Gräber dahinbraust, ausgesprochen. In denen, die unterlagen, gedenkt man ihrer schmerzbewegt."

Schweitzer denkt von den Leidenden her, nicht von den Kriegsparteien, die sich mordend (befehlsgemäß, nationalistisch verblendet oder schicksalsergeben-gehorsam) gegenüberstanden, erfolgreiches Töten mit Orden belobigten, Desertion mit dem Tode bedrohten.

Die zu jener Zeit schwer auszusprechende Frage nach der Schuld spart er nicht aus:

„Um unserer Schuld willen sind sie dahingegeben. Zu leicht dachte man in allen Völkern vom Wohl und Wehe des einzelnen Menschen. Zu gering beurteilte man das Menschenleben, diesen geheimnisvollen, unersetzlichen Wert. Zu leichtsinnig sprach man vom Krieg und dem Elend, das er bringt. Man war gewohnt, auf äußere Erfolge so und soviel Menschenleben in Rechnung zu setzen und verherrlichte und besang diese Unmenschlichkeit. Wir müssen nun eine neue Gesinnung aufkommen lassen, die ernst macht mit dem Gebot ‚Du sollst nicht töten'."

Man müsse nun auch über Tötungsbefehle oder Notwehr in Kriegen neu nachdenken. Ehrfurcht vor Menschenleid und Menschenleben, vor dem Kleinsten und Unscheinbarsten, sei das eherne Gesetz, das hinfort die Welt regiere.

„Und nicht wollen wir damit neue Phrasen an die Stelle der alten setzen, oder meinen, daß mit tönenden Reden und Erklärungen der Politiker in dieser Sache etwas getan sei, sondern wissen, daß es nur die tiefinnerliche Gesinnung, von Mensch zu Mensch sich mitzuteilen ist, die in der Welt Solches vermögen wird."

Schweitzer sprach noch von Opfern, auch vom Dunkeln, das diese Opfer bedeuten und von dem Riss für den Glaubenden, der zu verstehen versucht, dass Gott es zuließ, dass Millionen unschuldig litten und starben. Aber jetzt ginge es darum hinzuhorchen und das Rauschen des Reiches Gottes in den Lüften zu hören und Schritte dahin zu tun, damit es nicht mehr Leid und Geschrei und Schmerz gibt und dass die erste, die alte Welt des Todes vergeht und die Welt des Trostes und des Lebens kommt. Alle die, die das Grauen überlebt haben, schauen ihn an und haben etwas Geheimnisvolles in ihren Zügen und sind so etwas, wie der Anfang einer neuen, vertieften und geläuterten Menschheit.

„Ist es ein Anfang, auf den etwas folgt, oder ein Anfang, der bald verkümmert, wenn die Gedankenlosigkeit des gewohnten Alltags wieder ihre Rechte begehrt oder gebotene Zerstreuung die Sinne ablenkt? Gott bewahre uns davor! Von uns, den aus dem Tode Überlebenden, hängt es ab, ob die Gefallenen für die Entwicklung der Menschheit zum Reiche Gottes vergebens gefallen sind, oder ob Frucht aus ihrem Leiden und Sterben kommt. Was wir versäumen, kann auf Jahrhunderte kein Geschlecht der Welt nachholen."

Wir nennen das am Anfang des 21. Jahrhunderts, dass man *„die Lehren aus dem Geschehenen ziehen"* müsse.

Wer mochte damals ahnen, dass schon zwanzig Jahre danach ein neuer, diesmal ganz von Deutschland allein ausgehender Raubkrieg folgen würde? Und die Pest des Nationalismus steckt in erschreckender Weise auch europäische Staaten an. Wo soll das hinführen? Artikel 1 des Grundgesetztes ist keinesfalls schon unumstößliches Gemeingut geworden. (vgl. Schweitzer, Predigten 1898–1948, Beck Verlag, S. 1208 ff.)

Wie nah Schweitzer stets bei den Menschen war, sei demonstriert an einer Morgenpredigt vom 3. November 1918, in der er die Sorgen zur Sprache brachte, die Menschen alltäglich haben:

„Sorgen um Volk und Land, Sorgen um unsere Lieben draußen, die stündlich in Gefahr sind, Sorgen um Nahrung, Kleidung, Heizung, Unterkunft, Sorgen um Gewerbe und Arbeit, Sorgen um die dunkle Zukunft, besonders bei uns, wo sich alle Verhältnisse in den nächsten Wochen von Grund aus ändern können. Ein Chaos von Sorgen, wie wir es uns früher nie hätten vorstellen können." (a. a. O., S. 1203 f.)

Er weiß und sieht die erdgraue Gesichtsfarbe der Kinder der armen Leute, die Sorge um die nötigen Kartoffeln und das fehlende Geld für Kohlen. Warum dieser wackere Urwaldarzt und bedeutsame Denker des europäischen Kulturkreises ab 1933 gegen Nazi-Deutschland, gegen den Terror, Judenvertreibung und Judenvernichtung, gegen die Anzettlung des Raubkrieges und gegen die nazistische Übermenschentum-Ideologie kein deutliches, öffentliches Wort hat ausgehen lassen, bleibt letztlich sein Geheimnis (ganz anders hatte sich etwa Thomas Mann verhalten, insbesondere mit seiner regelmäßigen BBC-Sendung „Deutsche Hörer"). Wollte er einfach als der gute Deutsche aus großer deutscher Humanitätskultur gelten? Wollte er durch Schweigen die jüdischstämmigen Familienangehörigen seiner Frau nicht in Gefahr bringen? Wollte er sich seinen so universal geltenden großen Glaubens- und Handlungssatz von der „Ehrfurcht vor dem Leben" nicht durch barbarische Realität zerstören lassen? Hat er also aus Gründen seines Humanitätsglaubens geschwiegen, und wollte er der Macht des Bösen nicht ins Auge sehen?

Er setzte seine helfende Arbeit in Lambarene einfach fort. Könnte es gar sein, dass Albert Schweitzer für Deutsche dann nach 1945 als ein so großes Ideal und Vorbild gelten konnte, weil er erstens in keinem Falle mit der Nazi-Pest verquickt gewesen war, aber nach 1945 auch nicht mit den Deutschen und ihrer (Kollektiv-)Schuld abrechnete?

Blieb er als Person also das gute Gewissen des anderen Deutschland?

Aus seinen Schriften lässt es sich jedenfalls kaum beantworten. Schweitzer ist im Jahrhundert der großen Kriege und barbarischen Ideologien ein durch und durch barmherziger, ja solidarisch fühlender, denkender, handelnder Mensch. Das von Churchill so genannte *„Genie der Menschlichkeit"* war wohl vor allem ein untadeliges Genie der engagierten Mitkreatürlichkeit. Das war er und das wollte er sein und bleiben.

Ganz grundsätzlich. Und ganz praktisch. Und ganz persönlich.

Er würde gewiss mit aller Dringlichkeit endlich auf die Erfüllung des von der UNO selbst gesteckten Ziels der Halbierung der Armut eintreten. Und er stünde gewiss an der Seite der „Grünen“ in aller Welt, die die Vielfalt der Schöpfung erhalten wollen oder sich vehement gegen die Ursachen der heranrollenden Klimakatastrophen wenden.

Wenn die Klimakonferenz der UNO in Kattowitz scheitert - am Geld, am Egoismus, an konkurrierenden Interessen und Einflusszonen, an geradezu krimineller Gleichgültigkeit, Interesselosigkeit, an verblendeter Einsichtslosigkeit, die zur Ausweglosigkeit führt, dann scheitert weit mehr als eine Konferenz.

Wir brauchen für unseren abnehmenden Mut den unermüdlichen Hoffnungsstifter Schweitzer!

PETER BERNE

Warum mir Albert Schweitzer wichtig ist

Mir ist das besondere Glück zuteil geworden, zu Albert Schweitzer eine – wenn auch nur indirekte – persönliche Beziehung zu haben. Mein Lehrer am Salzburger Mozarteum, der Komponist, Dirigent und große Wagner-Kenner Kurt Overhoff, der mich wie kein anderer in meinen entscheidenden Jahren geprägt hat, stand mit Schweitzer in freundschaftlichem Verkehr, so dass ich nicht nur durch Lektüre, sondern auch durch das persönliche Gespräch vom Leben und Wirken dieses großen Menschen erfahren konnte, der für mich sonst in den Nebel einer bereits unerreichbaren Vergangenheit verschwunden wäre. Overhoff war mit Schweitzer in Beziehung getreten, nachdem er in der Öffentlichkeit wiederholt gegen die atomare Aufrüstung Stellung genommen hatte. Schweitzer erfuhr davon und nahm daraufhin selbst die Verbindung mit dem Jüngeren auf; er war, sagte er, ganz erstaunt, dass es neben ihm auch noch einen anderen Musiker gebe, der sich für ethische Belange engagiere. Als Overhoff später ihm seine Oper „Mira" zueignete, nahm er die Widmung dankbar an und schrieb den schönen Satz, Overhoffs Musik sei *„Klang gewordene Ethik"*. Overhoff erzählte mir – nicht zuletzt in Verbindung mit seiner ethisch-humanistischen Deutung der Werke Wagners – oft von Schweitzer, dessen hoher Idealismus und warme Humanität auf diese Weise mir sehr früh zum Vorbild wurde. Da kam so vieles zusammen, was mir wichtig erschien und mich persönlich ansprach: die Universalität seines Geistes und die große Rolle, welche die Musik in seinem Leben spielte – aber auch die Tatsache, dass Schweitzer das, was er verkündete, auch beispielhaft vorlebte, was in der Welt der Geisteswissenschaften und der Kunst so selten vorkommt. Ein anderes, das Overhoff auch immer wieder hervorhob, und das mich besonders beeindruckte, war die Schlichtheit Schweitzers, in der man das äußere Zeichen seiner inneren Ehrlichkeit und Demut erkennen konnte, und die sich nicht nur in seiner Person, sondern in seinem ganzen Wirken offenbarte, ja, sich bis in seinen Schreibstil hinein erstreckte, der auf jedes unnötige und eitle Beiwerk verzichtete und rein der Mitteilung der Gedanken diente.

So wurde Schweitzer für mich zu einer Gestalt, die ich nicht nur aus der Distanz verehrte, sondern die mir auf sehr lebendige Weise menschlich nahe stand. Man kann daher leicht nachvollziehen, welches Glück es für mich bedeutete, als ich nach Overhoffs Tod von seiner Witwe zwei Photographien geschenkt bekam, die beide mit persönlichen Widmungen von Menschen versehen waren, die zu den bedeutendsten geistigen Persönlichkeiten des 20. Jahrhunderts gehörten: Richard Strauss und Albert Schweitzer. Diese Bilder waren früher auf Overhoffs Flügel gestanden und erschienen mir jedes Mal, wenn ich ihn besuchte, wie der Inbegriff der abendländischen Kultur in ihrer höchsten Ausprägung. Dass ich sie nun selbst besitzen durfte, war für mich nicht nur ein unschätzbares Glück, sondern auch eine große Ehre.

Als mich jemand einmal fragte, wen von beiden ich für den größeren hielte, wollte ich zunächst antworten, dass es bei zwei so großen Menschen nicht möglich sei, irgendeinen Wertunterschied zu machen. Doch nach einigem Nachdenken sagte ich trotzdem: Albert Schweitzer. Nun stand mir Strauss, weil ich Musiker war, besonders nahe; auch wusste ich um die gedankliche Tiefe seiner Werke, die ihn über das bloß Musikalische hinaus auch zu einer großen Erscheinung im Reiche des Geistes machte. Deshalb war ich selber über meine Antwort überrascht. Doch der Grund für meine Entscheidung war klar: Während Richard Strauss für mich den großartigen *Abschluss* einer unvergleichlichen Kulturblüte verkörperte, weist Schweitzer auf einzigartige Art und Weise in die *Zukunft*. Tatsächlich war Strauss davon überzeugt, dass die schöpferische Kraft der abendländischen Kunst zu seiner Zeit an ihr Ende gelangt war, und er war ehrlich und mutig genug, dies auch offen zu bekennen – weshalb er in seinen späteren Jahren, anstatt krampfhaft nach neuen Ausdrucksmöglichkeiten zu suchen, die nur konstruiert und deshalb ohne inneres Leben sein konnten, seinen Blick zurück wandte und zum Bewahrer der Tradition wurde. Schweitzer war zwar als Musiker auch konservativ, widmete er doch seine Tätigkeit auf diesem Gebiet in erster Linie der Pflege der Werke Johann Sebastian Bachs; und noch deutlicher als Strauss sprach er wiederholt seine Überzeugung vom tiefen Verfall der Kultur in unserer Zeit aus. Doch er blieb nicht bei der Feststellung des Untergangs stehen, sondern fragte auch nach dessen Ursachen und vor allem suchte er nach Möglichkeiten, wie sich die Menschheit aus dem Tiefstand wieder empor arbeiten könnte. Und das führte ihn auf das Gebiet der Ethik: ein Gebiet, wo die geistigen Kräfte keineswegs erschöpft, sondern noch durchaus der Entwicklung fähig waren. Hier konnte man wirklich Neues schaffen – ja *musste* man; denn es war damals klar, und ist es auch heute mehr denn je, dass ohne eine Erneuerung der ethischen Grundsätze es nicht nur keine Gesundung der Kultur geben kann, sondern die Menschheit geradezu ihrem Untergang entgegengehen wird. Diese Erneuerung versuchte Schweitzer herbeizuführen und wurde so zu einem Wegbereiter der Zukunft. Dass Schweitzer nicht nur ein menschliches Vorbild, sondern auch ein Philosoph war, der durch sein Denken eine geistige Macht ersten Ranges darstellte, wurde mir erst lange nach meiner Studentenzeit bewusst, als ich das erste Mal „Kultur und Ethik" las. Wie bekannt, lassen sich seine Gedanken über Ethik in der Formel „Ehrfurcht vor dem Leben" zusammenfassen. Hier ist nicht der Ort, eine umfassende Darstellung dieses für ihn so zentralen Begriffs zu geben. Es sei mir aber gestattet, einige persönliche Anmerkungen dazu zu bringen, die deutlich machen, warum Schweitzer eine so hohe Stelle in der Hierarchie der von mir verehrten großen Menschen einnimmt.

Die Formulierung „Ehrfurcht vor dem Leben" ist heute allgemein bekannt und ist mittlerweile sogar in Gefahr, zum gedankenlos hingeworfenen Schlagwort zu werden. Dennoch birgt sie für den, der sich ihrer vollen Bedeutung bewusst geworden ist, eine ungeheure Sprengkraft in sich. Das setzt jedoch voraus, dass man das volle Ausmaß des Verfallsprozesses erkennt, in dem sich die gegenwärtige Menschheit befindet. Dass viele Menschen gerade heute für diese Erkenntnis unempfänglich sind, zeigt nur, wie tief der Verfall schon fortgeschritten ist. Denn solange man noch eine Diagnose stellen kann, ist das Bewusstsein für das Gesunde noch vorhanden, und man kann versuchen, die Krankheit zu heilen; wenn man dagegen nicht einmal zugibt, dass man krank ist, kann es keine Hoffnung mehr auf Rettung geben. Tatsächlich haben sich heute die meisten Menschen an die vorherrschenden Zustände gewöhnt und geben sich damit zufrieden, in Erwägung zu ziehen, dass sie sich vielleicht in einem Verfallsprozess befinden, und dass es ganz andere Möglichkeiten der Welt- und Lebensgestaltung geben könnte, die ihnen als Vernunftwesen angemessener als die wären, und nach denen zu streben ihre höhere Bestimmung wäre. Schweitzer wies dagegen schon am Anfang des 20. Jahrhunderts darauf hin, dass wir uns in einem Kulturuntergang befinden, und war überzeugt, dass es sich um eine tiefgehende *geistige* Krise handle, von der sowohl die zunehmende Inhumanität, als auch die künstlerische Stagnation nur das äußere Symptom seien. Deshalb, so folgerte er, können auch bloße Korrekturen, die man an der Oberfläche vornimmt, keine dauerhafte Besserung bringen; vielmehr wäre eine radikale Gesinnungsumkehr nötig: eine Verwandlung in der Tiefe, dort, wo die Grundeinstellungen zu finden sind und auch die seelischen Triebe, die unser Handeln bestimmen.

Worin besteht aber diese Umkehr? Die Zivilisation der letzten Jahrtausende war bis heute durchaus auf dem Prinzip der Naturbeherrschung durch den Menschen gegründet und hatte ausschließlich dessen eigenes Wohlbefinden zum Ziel. Die Natur, d.h. alles andere Leben, war nur Mittel zu diesem Zweck. Dieses kollektiv-egoistische Prinzip mag einstmals notwendig und sinnvoll gewesen sein, solange sich der Mensch gegen die Übergewalt der Natur durchsetzen musste. Heute jedoch, da der Mensch mit seinen schier unbegrenzten technischen Fähigkeiten nicht nur die Natur beherrschen kann, sondern auch die Möglichkeit hat, sie in großem Ausmaß zu zerstören, bewirkt das Prinzip keinen Segen mehr, sondern bringt nur Unheil und wird, wenn es weiterhin unser Handeln bestimmt, dazu führen, dass der Mensch seine eigene Existenzgrundlage vernichtet. Die Idee der Ehrfurcht vor dem Leben bedeutet eine radikale Abwendung von dieser Grundeinstellung. Denn sie fordert vom einzelnen Menschen ein Verhältnis zu anderem Leben, das nicht mehr auf Ausbeutung zu selbstsüchtigen Zwecken beruht, sondern auf Verantwortung: Verantwortung anderen Wesen gegenüber, die von demselben Leben wie er selbst erfüllt sind, und die er um ihrer selbst willen achten sollte. Das ist kein bloßes *„Seid nett zu den Tieren“* oder *„Schone Deine Umwelt“*, sondern bedeutet die Anerkennung des Lebensrechtes aller Lebewesen, *unabhängig von ihrem Nutzen oder Nicht-Nutzen für den Menschen.* Es ist eine totale Absage an das einseitig-anthropozentrische Weltbild, das bisher die tragende Grundlage unserer Zivilisation gewesen ist. Und das ist eine geistige Revolution, die, einmal in Gang gesetzt, unser Leben in seinen Grundfesten erschüttern und es auf eine ganz neue Basis stellen müsste – mit unabsehbaren Folgen für den Einzelnen und für die Gesellschaft.

Für mich war die Aufforderung zu Verantwortlichkeit allem Leben gegenüber, wie ich sie in „Kultur und Ethik" dargestellt fand, nichts Neues, bildet sie doch den Kern der sogenannten „Karfreitagsunterweisung" in Wagners „Parsifal", in der der schonende Umgang mit „aller Kreatur" zur ersten Pflicht einer neuen Ethik erhoben wird. Neu war jedoch die philosophische Begründung, die Schweitzer für diese neue Haltung lieferte. Zwar hatte lange vor ihm das altindische Denken die Einheit alles Seienden postuliert; und Schopenhauer – an dem Schweitzer rühmt, dass er als erster europäischer Philosoph die Tiere in die Ethik mit einbezog – hatte diesen Gedanken aufgegriffen und in Begriffe der westlichen Philosophie gekleidet. Doch sowohl das altindische Denken, als auch Schopenhauers philosophisches System beruhen auf einer welt- und lebensverneinenden Grundhaltung, die, wenn man sie konsequent zu Ende denkt, dem ethischen Handeln letztendlich den Boden entzieht. Die nicht zu unterschätzende Leistung Schweitzers bestand darin, den altindischen Gedanken der Einheit alles Lebenden in eine welt- und lebensbejahende Grundansicht, wie sie der Neuzeit angemessen ist, eingebettet zu haben. Nicht mehr die Überwindung der Individualität ist das höchste Ziel des Lebens, sondern der Einsatz der aufs höchste gesteigerten individuellen Kräfte zugunsten Anderer sowie des Ganzen. Nicht durch Selbstauflösung wird die Einheit erreicht, sondern durch Mitgefühl und solidarisches Handeln. Nur durch diese kann der Einzelne aus sich heraustreten und seine innere Einheit mit anderen Wesen erleben, ohne sich selbst und die Welt zu negieren. Das ist das, was Schweitzer „Mystik der Wirklichkeit" nannte: das Heraustreten aus den einengenden Schranken des eigenen „Ich" durch tätige Hingabe an andere Wesen, wodurch nicht nur äußere Gemeinschaft entsteht, sondern der Einzelne auch seine wesenhafte *innere* Einheit mit dem „unendlichen Sein" erleben kann. Schweitzers Ideal ist also die christliche Ethik der grenzenlosen Hingabebereitschaft zugunsten anderer – ausgedehnt auf alles Lebende. Mit diesem Gedanken ist es ihm als Philosophen gelungen, die östliche All-Einheitslehre mit der Kernforderung des Christentums zu vereinigen – wodurch tatsächlich etwas grundlegend Neues entstanden ist, das nicht nur als Fundament für eine zukunftsorientierte Ethik dienen kann, sondern auch dadurch in die Zukunft weist, dass es im Sinne einer neuen, globalen Kultur Ost und West zu einer höheren Synthese vereinigt.

Die Formulierung „Ehrfurcht vor dem Leben" enthält aber noch etwas, was mir besonders wichtig erscheint, weil es den von Hybris erfüllten Menschen des technologischen Zeitalters in seine Grenzen zurückweist. Ehrfurcht bedeutet Demut im schönsten Sinne des Wortes; bedeutet zugeben, dass es etwas Größeres gibt als das eigene kleine „Ich" mit seinem für egoistische Zwecke eingesetzten Verstandesdenken – etwas, das unsere begrenzte Erkenntnisfähigkeit übersteigt, und dem wir deshalb mit ahnendem Vertrauen begegnen sollen. Dass das Leben an sich, wie wir es in uns selbst und in den Lebewesen, die uns umgeben, wahrnehmen, geeignet ist, ein solches Gefühl in uns zu erwecken, liegt auf der Hand; denn es ist nicht nur etwas unfassbar Großes und letztendlich Unerklärliches, sondern es ist auch die elementare Grundtatsache unserer eigenen Existenz, ohne die es auch kein Verstandesdenken gäbe. Indem aber Schweitzer gerade die *Ehrfurcht* zur Grundlage seiner universalen Ethik macht, bewirkt er überhaupt eine Neubewertung dieses in unserer Zeit nicht nur aus der Mode gekommenen, sondern geradezu verpönten Begriffes. Und damit hat er der Menschheit ein kostbares Geschenk gemacht. Denn Ehrfurcht zu empfinden bewirkt eine ungeheure Ausweitung des individuellen Seins; durch Ehrfurcht tritt der Mensch aus sich heraus und kann teilnehmen an dem unbegreiflich Großen, das ihn umgibt und ihn trägt. Durch Ehrfurcht wird der Mensch nicht kleiner, sondern größer; wer in Ehrfurcht seine eigenen Grenzen anerkennt, überwindet sie im selben Augenblick. Und wie anders würde die Welt aussehen, wenn der Mensch aus diesem Gefühl heraus handeln würde – wenn er das Leben um ihn herum, das Leben der anderen Menschen, aber auch das der Tiere und Pflanzen, nicht als Mittel zum Zweck der Befriedigung seiner Bedürfnisse wahrnehmen würde, sondern als zu verehrendes Geheimnis! Wie anders würde er sich verhalten, wenn er das in Jahrmillionen entstandene ökologische Gleichgewicht mit staunender Ehrfurcht betrachten würde, anstatt dieses Wunder um nichtiger Vergnügungen willen mutwillig zu zerstören. Mangel an Ehrfurcht und hybride Überhebung des *homo technicus* gehen Hand in Hand, und im Wiedererwachen der Ehrfurcht liegt wohl eines der wichtigsten Heilmittel für die Krankheiten unserer Zeit.

Zum Schluss möchte ich noch eine geistige Eigenschaft Schweitzers erwähnen, die nicht weniger als seine Ideen und sein Wirken ihn zu einem besonderen Vorbild für mich macht: seine absolute geistige Redlichkeit. Mir ist kaum ein anderer Denker bekannt, der so mutig wie er bereit war, durch die „Wüste des Skeptizismus" zu schreiten, um zur Wahrheit zu gelangen. Wie gerne macht sich der Mensch sonst Illusionen, verschließt die Augen vor unangenehmen Tatsachen, nur um nicht in seinen gewohnten Denkmustern erschüttert zu werden. Schweitzer ließ sich jedoch durch keine Schwierigkeiten davon abhalten, die Dinge wahrheitsgemäß anzuschauen, auch wenn ihm durch den Verlust althergebrachter Sichtweisen der geistige Boden unter den Füßen weggezogen wurde. Dies betrifft sein theologisches Denken, das viele altgewohnte Vorstellungen über Bord werfen musste, um zu jenem gereinigten Jesusbild hindurch zu dringen, das uns diesen als großartiges ethisches Vorbild vor Augen stellt; es betrifft seine Darstellung der großen philosophischen Systeme der Vergangenheit, die er im Hinblick auf die in ihnen enthaltene ethische Kraft als letztendlich unzureichend erkennen musste; und es betrifft auch seine Untersuchung der östlichen Philosophien, die er, trotz aller Sympathie für einzelne Gedanken, für ungeeignet halten musste, eine dem Denken standhaltende Grundlage für die Ethik abzugeben, weil sie auf Welt- und Lebensverneinung beruhen. Schließlich liegt schonungslose geistige Redlichkeit auch seiner Zivilisationskritik zugrunde. Und nur weil er sich nicht scheute, die Probleme der Gegenwart in ihrer ganzen Radikalität zu sehen, konnte er zu jener radikalen Lösung für die Zukunft vordringen, die er in der Formel von der „Ehrfurcht vor dem Leben" zusammenfasste.

Schweitzer erzieht also zur geistigen Ehrlichkeit, ohne bequeme Kompromisse. Er räumt auf mit der Vorstellung, dass wir nur auf irgendwelche althergebrachte Denksysteme zurückzugreifen brauchen, um eine vorgefertigte geistige Grundlage für unser Leben und Wirken zu haben. Er weist uns unerbittlich auf die Tatsache hin, dass wir die auf uns zukommenden Probleme nur dann bewältigen können, wenn wir diese Grundlage *selbst* schaffen, und fordert uns dazu auf, durch eigenes Nachdenken dies zu tun.

Schweitzer war aus vielen Gründen für mich persönlich immer ein großes Vorbild. Wenn ich aber bedenke, welche einzigartigen Impulse sein Denken und Wirken für die Zukunft der Menschheit enthält, möchte ich dieses Urteil ins Überpersönliche ausweiten und die Behauptung aufstellen, dass wir in ihm eine der bedeutendsten Persönlichkeiten zu sehen haben, welche die Welt überhaupt in den letzten 100 Jahre hervorgebracht hat.

Möge dies heute immer mehr Menschen zu heilsamem Bewusstsein kommen!

*„Die Wahrheit ist ein Sehnen, ein Streben,
sie ist ein Kämpfen, ein Ringen. Sie ist Friede
und Seligkeit. Die Wahrheit ist nämlich
die Erkenntnis, dass das einzelne Menschenleben
einen ewigen, unverlierbaren Wert besitzt."*

Albert Schweitzer, Predigten, S. 402

ANDREAS RÖSSLER

Wie viel Lüge darf es sein? – Überlegungen in „postfaktischen Zeiten"

1. Postfaktisches Denken: „Alternative Fakten"?

Längere Zeit spielte die Frage nach der Wahrheit und damit umgekehrt nach der Lüge in der öffentlichen Diskussion kaum eine Rolle. Man wollte sie mit der Pilatus-Frage *„Was ist Wahrheit?"* (Joh 18,38) abtun: skeptisch oder resignativ oder gleichgültig.

Es gibt im „postmodernen Denken" die philosophisch-weltanschauliche Ansicht, es finde sich gar keine objektive Wahrheit, sondern nur subjektive Wahrheiten, eben das, was die einzelnen Leute für sich für wahr halten. „Wahrheit" sei eine menschliche Konstruktion, immer und durchweg interessengeleitet. Danach halte ich etwas für wahr, wenn ich mir davon Erfolg verspreche, damit Gewinn machen, Ansehen, Einfluss und Macht erreichen kann.[1]

Wenn der derzeitige US-Präsident Donald Trump etwas Positives zuwege gebracht hat, dann dies, dass viele Menschen, vor allem auch die Medien, wieder für die Frage nach Wahrheit offen geworden sind.[2] Trump ist ein Meister darin, Tatsachen zu vertuschen oder zu verdrehen. Das weisen ihm die etablierten, seriösen Medien nach, angefangen von so banalen Angelegenheiten wie der Zahl der Besucher bei den Feierlichkeiten zu seiner Amtseinführung Anfang 2017 in Washington. Da seien nie so viele Leute dabei gewesen wie bei ihm, behauptet Trump. Aber bei seinem Amtsvorgänger Barack Obama waren es eben wesentlich mehr. Das ist schon mit Hilfe von Aufnahmen leicht nachzuweisen. Doch Trump lässt sich nicht beirren. Seine Pressesprecherin reihte, in die Enge getrieben, die Behauptung einer überwältigenden Zahl von Besuchern bei Trumps Amtseinführung in Washington unter die „alternativen Fakten" ein. „Alternative Fakten" ist inzwischen zu einem geflügelten „Unwort" geworden. Wenn die bewährte Presse ihm Unrichtigkeiten vorhält, dann ist sie eben „Lügenpresse". Trump gibt ständig „fake news" von sich, also absichtliche, gezielte Falschmeldungen. Wenn man ihm nachweist, dass es sich bei dem, was er da behauptet, um Täuschungen handelt, dann nennt er diese Richtigstellungen seinerseits „Fakes". So ist der weltweite wissenschaftliche Konsens darüber, dass die voranschreitende Erderwärmung auch von uns Menschen gemacht wird, für Trump eine Lüge, ein „Fake". Er behauptet gerade das Gegenteil von dem, was die Wissenschaftler hieb- und stichfest ermittelt haben.

Die Diktatoren unserer Zeit und auch die früherer Zeiten haben immer auch versucht, die Geschichte im Sinn ihres jeweiligen Machtinteresses umschreiben zu lassen. Danach gab es um die Wende vom 19. zum 20. Jahrhundert eben keinen Massenmord der Türken an den Armeniern. Solche Geschichtsfälschungen („fake news") können dazu führen, dass das zuverlässige kulturelle Gedächtnis ausgelöscht wird. Das kann nur mit gründlicher, unbestechlicher Geschichtsforschung verhindert werden.

2. Biblische Bewertung von Lüge und Wahrheit

Für die Propheten im Alten Testament gehört die bewusste, absichtliche Verdrehung dessen, was der Fall ist, und die Verkehrung dessen, was einleuchtet und gilt, zu den Grundübeln, den ganz schlimmen Sünden. Ich muss bei dem bleiben, was ich erfahre und sehe, und bei dem, was ich mit guten Gründen vertreten kann, was mir gewiss ist. Deshalb gilt: *„Weh denen, die Böses gut und Gutes böse nennen, die aus Finsternis Licht und aus Licht Finsternis machen, die aus sauer süß und aus süß sauer machen!"* (Jes 5,20).

Eine solche Verdrehung der Wahrnehmung, und zwar aus angeblich frommen Gründen, findet sich in der Christentumsgeschichte etwa bei Ignatius von Loyola (1491–1556), dem Gründer des Jesuitenordens: *„Wir müssen, um in allem sicher zu gehen, stets festhalten: was meinen Augen weiß erscheint, halte ich für schwarz, wenn die hierarchische Kirche so entscheidet, im festen Glauben, dass in Christus, unserm Herrn, dem Bräutigam, und in der Kirche, seiner Braut, derselbe Geist wohnt, der uns zum Heil unserer Seelen leitet und lenkt."*[3]

Das entspricht dem von Ignatius in der Satzung des Jesuitenordens vertretenen „Kadavergehorsam". Man ordnet sich einer für höher gehaltenen Instanz unter, in blindem Gehorsam. Diese höhere Instanz, hier die amtliche Kirche bzw. die in dieser mir Vorgesetzten, entscheidet und denkt für mich: Ich habe dann das Gefühl, richtig geführt zu werden. Das widerspricht aber dem biblischen Ansatz, nach dem der Mensch seine ganz eigene Würde hat, zu der Glaubensfreiheit und Wahrhaftigkeit gehören.

Die Verkehrung der Wahrheit in Lüge wird bei den biblischen Propheten nicht bloß hinsichtlich der Tatsachenwahrheiten verurteilt, also bezogen auf das, was ganz offensichtlich der Fall ist. Einbezogen sind auch Deutungen, Bewertungen. Das sind die *aufs Ganze bezogenen („ganzheitlichen") Wahrheiten*, also die *weltanschaulichen, philosophischen, religiösen Wahrheiten.* Auch da gibt es Verdrehungen, etwa wenn eine falsche Sicherheit vorgegaukelt wird:

„Verlasst euch nicht auf Lügenworte, wenn sie sagen: Hier ist des Herrn Tempel, hier ist des Herrn Tempel, hier ist des Herrn Tempel! Sondern bessert euer Leben und euer Tun, dass ihr recht handelt einer gegen den andern und gegen Fremdlinge, Waisen und Witwen keine Gewalt übt und nicht unschuldiges Blut vergießt an diesem Ort und nicht andern Göttern nachlauft zu eurem eigenen Schaden" (Jer 7,4–5). „Hier ist des Herrn Tempel": gemeint ist der Tempel zu Jerusalem. Dieser Ruf war als solcher noch kein „Lügenwort". Jeremia kritisiert aber die falsche Sicherheit, die die „falschen Propheten" dem Volk vorgaukeln. „Hier im Tempel ist Gott anwesend, und da kann euch dann nichts Schlimmes passieren", behaupten sie. Jeremia dagegen sagt: „Gottes Gegenwart ist keine Garantie gegen Unglück, und schon gar nicht, wenn man Gott nicht ins eigene Leben hineinlässt. Entscheidend ist die Umkehr, die unter Gott und in seinem Sinn gestaltete Lebensführung, die Liebe, die Barmherzigkeit, die Gerechtigkeit, die Wahrhaftigkeit. Entscheidend ist das Leben nach dem Willen Gottes."

Wahrheit und umgekehrt Lüge bezieht sich also nicht nur auf das, was ganz unmittelbar der Fall ist, etwa dass man für dunkel erklärt, was taghell ist, und für weiß, was schwarz ist. Wahrheit und umgekehrt Lüge bezieht sich auch auf ganzheitliche, weltanschauliche, philosophische, religiöse Wahrheit, auf Deutung, auf Bewertung, auf die Gesamtperspektive.

Dass man etwa, in ethischer Hinsicht, für gut erklärt, was böse ist, und für böse, was gut ist.

Tatsachenwahrheiten und ganzheitliche Wahrheiten – und umgekehrt Tatsachenlügen („alternative Fakten") und Lügen im Blick aufs Ganze – sind zweierlei, hängen aber doch miteinander zusammen. Grundsätzlich gilt hier das Jesus-Wort *„Wer im Geringsten treu ist, der ist auch im Großen treu; und wer im Geringsten ungerecht ist, der ist auch im Großen ungerecht"* (Lk 16,10). Für Wahrheit und Lüge im Großen und Ganzen gilt immer der Maßstab von Liebe und Gerechtigkeit. Eben dieser Maßstab muss auch bei Wahrheit und Lüge in den Fragen der Tatsachen eine entscheidende Rolle spielen.

In den Zehn Geboten kommt die Verwerfung der Lüge im Achten Gebot vor: *„Du sollst nicht falsch Zeugnis reden wider deinen Nächsten"* (Ex 20,16). Ein falsches Zeugnis gegen einen Mitmenschen vor Gericht führt womöglich dazu, dass ein Unschuldiger bestraft und verurteilt wird. Durch falsche Zeugnisse ist Jesus ans Kreuz gekommen. In der Politik sind es falsche Behauptungen, falsche Analysen, die verheerende Folgen haben können. So wurde durch verlogene Bewertungen der Nahost-Situation der Irak-Krieg März-April 2003 angezettelt, der zu Hunderttausenden Todesfällen führte und der dann den „Islamischen Staat" (IS) mit seinen unsäglichen Grausamkeiten hochkommen ließ.[4]

3. Folgen der Lüge

Eine absichtliche, gezielte Lüge ist nicht mit Irrtum zu verwechseln. Irren kann ich mich in bester Absicht. Niemand ist allwissend und unfehlbar. Irrtum lässt sich durch bessere Belehrung und guten Willen überwinden, jedenfalls in einem gewissen Ausmaß. Lüge dagegen verfolgt bestimmte Interessen, und die sind ja gerade gewollt. Mit Lügen will ich zum Beispiel eigene Fehler vertuschen. Oder ich will mich in ein gutes Licht stellen. Oder ich will mir eine bessere Position erschleichen, etwa mit einer gefälschten Doktorarbeit. Oder ich will einfach Macht gewinnen, auch wenn ich für solche Macht gar nicht kompetent bin. Oder ich will durch das Ausstreuen von Gerüchten, durch Verleumdungen andere Menschen in ihrer

Existenz vernichten. „*Wer die Wahrheit nicht weiß, ist bloß ein Dummkopf. Aber wer sie weiß und sie eine Lüge nennt, der ist ein Verbrecher*" (Bert Brecht, Leben des Galilei).

Die absichtlichen, gezielten Lügen sind destruktiv, zerstörerisch. Sie beschädigen und vernichten aber nicht nur Andere, sondern auch die eigene Persönlichkeit. Man muss sich verstellen und muss verhindern, dass die Lüge doch einmal als Lüge entlarvt werden könnte. Das führt zu innerer Verkrampfung. Man versucht von der eigenen Lüge abzulenken und tischt dazu neue Lügen auf anderen Gebieten auf oder, in der Politik, man inszeniert Konflikte, um die verbliebenen Treuen um sich zu scharen.

In der medialen Öffentlichkeit haben die Lügen noch eine andere verheerende Wirkung. Nicht jeder Meinungsmacher, der Lügen auftischt, wird nur lügen. Damit würde er sich auch bei seinen Freunden und Anhängern lächerlich machen. Vielmehr vermischt er Lügen mit Wahrheiten und mit Halbwahrheiten. Das führt dazu, dass die Leute bald nicht mehr wissen, wo sie dran sind. Einzelnes stimmt ja doch, anderes aber nicht. Was stimmt und was nicht? Die Folge dieser Verwirrung kann sein, dass man schließlich gar nicht mehr fragt: „Ist dies wahr oder ist es gelogen?" Man sieht sich zu einem Urteil darüber ja auch gar nicht imstande. Sondern man fragt: „*Wer* sagt das? *Wer* vertritt das?" Und dann hält man sich eben an die eigenen Gewährsleute und folgt diesen blindlings. Da kann dann etwa Donald Trump behaupten, der wissenschaftliche Konsens über den menschengemachten Klimawandel sei irrig oder er sei von China zur Stärkung der eigenen Wirtschaft in die Welt gesetzt. Seine Fans glauben ihm das, weil er für sie der nicht hinterfragbare Gewährsmann ist für richtig und falsch, links und rechts, gut und böse.

Zerstörerisch sind auch Lügen, mit denen man Heilungsprozesse oder gesundheitliche Verbesserungen verhindert. Etwa wenn man in medizinischen Gutachten falsche Hoffnungen weckt oder Therapieverfahren lobt, die gar nichts bringen, oder Medikamente empfiehlt, die nichts oder Gegenteiliges bewirken. Oder wenn man Gutachten zur Umweltproblematik liefert, in denen nur verharmlost wird und man keine Wege zur Abmilderung oder Verhinderung von Klimaschäden und Bodenvernichtung aufzuzeigen versucht. Oder militärische Analysen, die Gefahren an die Wand malen, die gar nicht akut sind, und damit womöglich einen Krieg mit verheerenden Folgen anzetteln.

Auch religiöse Lügen haben oft fatale Folgen. Man verspricht das Paradies auf Erden, und Leute fallen darauf herein. Ein religiöser Führer erhebt für sich einen Allwissenheitsanspruch, und seine Anhänger geben daraufhin ihr eigenes selbstständiges Denken auf. Eine religiöse Gruppe erhebt für sich den Anspruch, die Wahrheit gepachtet zu haben, und Gefolgsleute, die das akzeptieren, werden fanatisch und unduldsam. Man malt wahnwitzige Heilsversprechen an die Wand, und die gläubigen Anhänger genießen solches „Opium des Volkes". Sie werden benebelt und untauglich für das wirkliche Leben. Bei islamischen Terroristen wird Leuten, die sich als Selbstmordattentäter rekrutieren lassen, ein guter Platz im Paradies versprochen.

4. Der Maßstab für Wahrheit und Lüge

Um nicht in diesem Wirrwarr unterzugehen, braucht man einen Maßstab für Wahrheit und Lüge. Im Bereich der Tatsachenwahrheit (Richtigkeit) ist der Maßstab die Vernunft. Diese ist der Erfahrung verpflichtet und strukturiert sie. Sie findet sich im gesunden Menschenverstand (common sense) und in der Logik. Durch die Logik werden widersprüchliche, unsinnige und beliebige Aussagen verhindert. In den Wissenschaften gibt es einen Konsens der Gelehrten. Die Vernunft ist also nicht nur eine individuelle Angelegenheit. Sie arbeitet im Hin und Her der Menschen, mit Hilfe von Behauptungen und Begründungen, Ergänzungen, Korrekturen, Weiterführungen, Verifikationen und Falsifikationen.

Im Bereich der ganzheitlichen, weltanschaulichen, religiösen Wahrheit gibt es keinen so allgemeinmenschlich zwingenden Maßstab wie in der Tatsachenwahrheit. Es gibt aber die allgemeinmenschlichen Grundfragen nach gut und böse, nach dem Sinn des einzelnen menschlichen Daseins und dem Sinn des Daseins insgesamt. Die Antworten sind aber unterschiedlich. Das ist jeweils eine Frage des Glaubens, der Grundüberzeugung. Es ist die Frage, welche Antwort mir einleuchtet und mir in meinem Leben weiterhilft.

Von Religion zu Religion, von Weltanschauung zu Weltanschauung sind aber auch hier die Antworten nicht immer nur gegensätzlich. Man kann zum Beispiel in der Frage, was gut und böse ist, so etwas wie ein „Weltethos“[5] aufspüren und herausarbeiten, also „universelle Werte“.[6]

Der christliche Maßstab für Wahrheit und Lüge in den Fragen der ganzheitlichen Wahrheit, der Deutung und Wertung des Geschehens, des Daseinssinnes, und auch für gut und böse, ist Liebe und Gerechtigkeit, von der Grundüberzeugung her, dass Gott, der Urgrund und das Ziel von allem, die Liebe will und nicht den Hass, den Aufbau und nicht die Zerstörung, die „Ehrfurcht vor dem Leben“[7], die Bewahrung der Schöpfung. Es ist die Grundüberzeugung, dass wir Menschen Gottes geliebte Kinder sind und dass deshalb die Menschenwürde unantastbar ist. Es ist damit nicht gesagt, dieser christliche Maßstab für Wahrheit und Lüge sei *exklusiv* christlich. Man kann froh und dankbar sein, wenn es hier Übereinstimmungen des Christentums mit anderen Religionen gibt.

Für diesen Maßstab hat die christliche Kirche einzustehen. Gerade in einer Zeit, wo sich Lüge und Wahrheit vermischen oder wo sie ineinander verschwimmen und man nicht mehr weiß, ob man in der Politik, in der Wirtschaft und in den Massenmedien richtig informiert oder doch angeschwindelt wird, braucht es eine Institution, auf die man sich verlassen kann. Ihrem Sinn nach hat die Kirche eine solche verlässliche Instanz zu sein: *„ein Pfeiler und eine Grundfeste der Wahrheit“* (1. Tim 3,15). Fatal wird es aber, wenn die Kirche selbst Machtinteressen folgt und es mit der Wahrheit nicht mehr genau nimmt. Dann wird sie einer ihrer Ur-Aufgaben nicht mehr gerecht.

Dieser christliche Maßstab für Wahrheit und Lüge ist nichts, was wir lediglich intellektuell erfassen und anwenden. Vielmehr gehört das persönliche, existenzielle Betroffensein dazu, eine Lebensführung, die dem Willen Gottes zu entsprechen sucht, und das heißt: der Liebe, der Gerechtigkeit und der Wahrhaftigkeit: *„Lasst uns wahrhaftig sein in der Liebe und wachsen in allen Stücken zu dem hin, der das Haupt ist, Christus“* (Eph 4,15). Und umgekehrt gilt: *„Wer sagt: Ich habe ihn* [Christus] *erkannt, und hält seine Gebote nicht, der ist ein Lügner, und in dem ist die Wahrheit nicht“* (1. Joh 2,4).

5. Ein Quantum Lüge oder: Wie viel Lüge darf oder muss es sein?

Lügen ist grundsätzlich verwerflich, ebenso wie der Betrug, der nichts anderes ist als Lüge in wirtschaftlicher Hinsicht: *„Ihr sollt nicht stehlen noch lügen noch betrügerisch handeln einer mit dem andern“* (Lev 19,11). Allerdings ist es unmöglich, immer ganz ohne Lügen auszukommen. Und da muss man differenzieren: Lügen ist nicht gleich lügen!

(a) Im Alltag praktizieren wir ständig *Höflichkeitslügen*: „Das freut mich, Sie zu sehen“, sagen wir zu jemandem, den wir zufällig treffen und den wir eigentlich gar nicht sehen wollen. Aber wir wollen etwas Nettes sagen. „Du siehst gut aus“, sagen wir zu jemandem, der gar nicht gut aussieht. Ihm aber ins Gesicht zu sagen „Du siehst schlecht aus, Du scheinst ernsthaft krank zu sein“, bringen wir nicht fertig, weil wir ihn nicht irritieren wollen. „Das hast Du aber gut gemacht“, loben wir jemanden, dessen Leistung wir für nicht wirklich gut halten. Nur wollen wir ihn ermutigen. „Ich halte Sie für einen ausgesprochenen Idioten und für ein Ekel“, werden wir einem Vorgesetzten besser nicht ins Gesicht sagen. Es könnte uns beruflich schaden.

Kleine Höflichkeitslügen oder Nettigkeitslügen machen das Zusammenleben einfacher. So vermeidet man manche Scherereien. Indem man sich Ärger erspart, erspart man sich auch manche Nachteile.

(b) Ein großes Problem ist die *Wahrheit am Krankenbett.* Soll man einem schwerkranken Patienten reinen Wein einschenken? Oder hilft man ihm mehr damit, wenn man ihm manche unangenehme Wahrheiten vorenthält? Könnte es sein, dass er durch die volle Wahrheit verzweifelt sein wird und jeden Lebensmut verliert, was dann eine eventuelle Genesung praktisch unmöglich macht? Andererseits führt planmäßiges Lügen am Krankenbett hellsichtige Patienten zur Verzweiflung. Sie fühlen sich nicht ernst genommen. Sie haben den Eindruck, auf keine ihren Zustand betreffende Auskunft vertrauen zu können. Vielleicht wären sie ja auch für die unverblümte Wahrheit stark genug und würden dann die Chance nützen, noch manches in Ordnung zu bringen. Da gilt es abzuwägen.

(c) In manchen Situationen ist es ethisch angemessen, gezielt zu *Notlügen* zu greifen, weil man sonst Menschen in große Gefahr bringt. Wurde im Dritten Reich eine Familie, die Juden versteckt hielt, gefragt, ob Juden bei ihnen untergekommen sind, so tat diese Familie gut daran, so gut es ging die Polizei und die Nationalsozialisten hinters Licht zu führen. Eine offenherzige Auskunft wäre für die bedrohten Menschen das sichere Todesurteil gewesen. Verbrecher zu belügen und sie so an einem Verbrechen zu hindern, ist viel redlicher als gefährdete Leute in ihr Messer laufen zu lassen. Die Notlüge kann also angebracht sein, was aber bei weitem nicht heißt, dass man alle eigenen gezielten Lügen als „Notlügen" rechtfertigen kann.

Dietrich Bonhoeffer erzählt die Geschichte eines Schülers, dessen Vater ein Alkoholiker ist. Der Lehrer sagt dem Schüler vor der versammelten Klasse ins Gesicht, sein Vater sei ein Säufer und ein kompletter Versager. Der Schüler, der das natürlich am besten weiß, bestreitet es vehement. Damit lügt er einerseits, will aber die Ehre seines Vaters beschützen. Der Lehrer dagegen, der formal die Wahrheit sagt, will den Schüler und dessen Vater fertig machen. Der Schüler ist also der Wahrheit näher als der Lehrer, denn Wahrheit baut auf und zerstört nicht. Wahrheit und Liebe gehören zusammen. Eine lieblose Wahrheit, die andere lächerlich machen und ihren Ruf schädigen will, ist in einem tieferen Sinn Verlogenheit.[8]

(d) *Halbwahrheiten* können zu den Notlügen gehören, mit denen man sich selbst oder andere zu schützen sucht. Was man sagt, stimmt zwar, aber man lässt Wichtiges aus, über das man schweigt und das eigentlich auch in den Zusammenhang gehört. Manche solcher Halbwahrheiten sind ethisch fragwürdig. Etwa: Bei Steuererklärungen, oder wenn Politiker vor einem Untersuchungsausschuss zur Sache befragt werden und dann nur scheibchenweise mit der Wahrheit herausrücken.

(e) Positiver zu bewerten ist die *diplomatische Klugheitsregel* „Sage nicht alles, was du denkst, aber denke alles, was du sagst". Oder wie es Matthias Claudius formuliert hat: *„Sage nicht alles, was du weißt, aber wisse immer, was du sagest".*[9] Das wird in der Politik gerne praktiziert, oder auch im publizistischen Gewerbe und bei Leuten, die in der Öffentlichkeit zu sprechen haben. Nicht zuletzt bei Geistlichen. Die Anwendung dieser diplomatischen Klugheitsregel kann unredlich sein, wenn man damit etwas vertuschen will und die Wahrheitsfindung behindert. Sie kann aber auch ethisch zulässig sein, wenn man Leute für eine gute Sache gewinnen will, ohne sie dabei mentalitätsmäßig zu überfordern. Sie hat jedenfalls den Vorteil, dass andere sich darauf verlassen können: „Was ich sage und schreibe, das meine ich wirklich so, auch wenn ich manches nicht preisgebe, weil ich anderen nicht schaden will und weil ich mich nicht ohne Not um Kopf und Kragen reden will."

Eine andere Fassung der diplomatischen Klugheitsregel findet sich in dem Jesus-Wort Mt 10,16: *„Siehe, ich sende euch wie Schafe mitten unter die Wölfe. Darum seid klug wie die Schlangen und ohne Falsch wie die Tauben."*

6. Die Wahrheit im Kleinen und im Großen bleibt das Ziel!

Wie viel Lüge darf es also sein? Ob Höflichkeitslügen, Notlügen, Halbwahrheiten oder diplomatische Klugheitsregel: Ideal ist das alles sicher nicht, denn wir bleiben hier immer hinter der ganzen und vollen Wahrheit zurück, vielleicht aus eigensüchtigen Motiven, vielleicht aber immerhin doch eher um der Liebe willen und zum Nutzen anderer Menschen.

Die Wahrheit im Kleinen und im Großen bleibt das Ziel. Nur so sind wir zuverlässig und erfahren Verlässlichkeit. Nur so bleiben wir auf dem Boden der Wirklichkeit und können dann diese Wirklichkeit auch im Sinn der Liebe, der Gerechtigkeit und der Bewahrung der Schöpfung gestalten. Nur so können wir Fehlentwicklungen und Schäden ins Visier nehmen und uns um Verbesserungen bemühen. Nur so vermeiden wir Beliebigkeit und damit geistiges Chaos.

Unsere Versuche, uns der Wahrheit im Kleinen und Großen, also der Erfassung der Tatsachen einerseits und dem wahren Sinn des Daseins andererseits anzunähern, müssen selbstkritisch sein. *Erstens* ist immer die menschliche Erkenntnismöglichkeit begrenzt. *Zweitens* ist unser Suchen, Wissen und Erkennen immer auch durch unsere jeweilige Perspektive bestimmt, sei diese kultureller oder weltanschaulich-religiöser Art. Da hilft es weiter, wenn man verschiedene Perspektiven miteinander vergleicht. *Drittens* sind wir in allem Bemühen um Wahrheit und um das Vermeiden von Lügen und Betrügen auch interessengeleitet. Wir suchen Befriedigung, Nutzen, Gewinn, Ansehen. Das lässt sich nicht verhindern. Aber man muss es sich eben klar machen.

Wieso eigentlich ist die Wahrheit so wichtig und die Lüge so verwerflich? Theologisch ist hier dreierlei zu sagen:

Erstens ist Gott Urgrund und Ermöglichung von allem, und deshalb ist er die Quelle der Wahrheit im Kleinen wie im Großen. Der Schöpfer aller Dinge und Wesen hat es erst möglich gemacht, dass überhaupt etwas ist und dass es so werden und sich entwickeln konnte, wie es nun einmal geworden ist. Das alles ist unverstellt zur Kenntnis zu nehmen. So hat alles, was der Fall ist, mit Gott zu tun, ohne den gar nichts der Fall sein könnte; mit dem Gott, *„ohn' den nichts ist, was ist, von dem wir alles haben“*.[10]

Zweitens geschieht damit aber keineswegs alles, so wie es geschieht, nach dem Willen Gottes. Gott hat die Welt und die Menschheit sich entwickeln lassen, sie frei gegeben. Er hat uns Menschen aber auch mit einem Gewissen ausgestattet, einer inneren Antenne für das, was gut und was böse ist. Gott hat der Menschheit in den Religionen und den großen philosophischen Entwürfen ethische Einsichten mitgegeben für ein gelingendes Leben und ein erfreuliches Zusammenleben. Da aber zwischen dem, was der Fall ist, und dem, was sein soll, ein tiefer Graben besteht, ist es unsere Aufgabe, die Natur und die Vorgänge in der Menschheit im Sinn des göttlichen „Willens der Liebe“[11] zu gestalten und zu verändern, also in der Richtung des „Reiches Gottes“.

Drittens aber setzt eine solche Gestaltung und Veränderung dessen, was ist, in der Richtung dessen, was sein soll, voraus, dass man das, was ist und wie es ist, erst einmal unverstellt zur Kenntnis nimmt. Sonst ist eine nachhaltige Veränderung hin zum Besseren nicht möglich.

1) *Zum Verhältnis von Macht, Lüge und Wahrheit in der Politik vgl. Hannah Arendt, Wahrheit und Lüge in der Politik. Zwei Essays, München und Zürich (1972) [2]1987.*
2) *Zur „postfaktischen" („post-truth") Situation insbesondere seit dem Wahlkampf und dem Amtsantritt im Januar 2017 von US-Präsident Donald Trump vgl. Susan Neiman, Widerstand der Vernunft. Ein Manifest in postfaktischen Zeiten, Salzburg und München 2017.*
3) *Ignatius von Loyola, Geistliche Übungen, Zusätze: Regeln über die kirchliche Gesinnung [1534], Regel 13. Zitiert aus: Ignatius von Loyola, Geistliche Übungen, hg. von Emmerich Raitz v. Frentz SJ, Freiburg [11]1951, S. 185.*
4) *Vgl. Susan Neiman (s. Anm. 2), S. 11.*
5) *Vgl. Hans Küng, Projekt Weltethos, München und Zürich 1990.*
6) *Die von der Aufklärung geprägten „universellen Werte" vertritt mit Nachdruck Susan Neiman (s. Anm. 2), etwa S. 63 f.; 74 f.*
7) *Albert Schweitzer, Die Lehre von der Ehrfurcht vor dem Leben. Grundtexte aus fünf Jahrzehnten, hg. von Hans Walter Bähr, München 1966.*
8) *Dietrich Bonhoeffer: Was heißt die Wahrheit sagen? In: ders., Ethik, hg. von Eberhard Bethge, München [5]1961, S. 283–290.*
9) *Matthias Claudius, An meinen Sohn Johannes, 1799. In: ders., Der Wandsbecker Bote, VII. Teil. Zit. aus: ders., Ausgewählte Werke (Reclams Universal-Bibliothek Nr. 1691 [6]), hg. von Walter Münz, Stuttgart 1990, S. 294.*
10) *Johann Heermann, O Gott, du frommer Gott [1630], EG 495, 1.*
11) *Albert Schweitzer, Aus meinem Leben und Denken [1931]. In: ders., Gesammelte Werke in fünf Bänden, hg. von Rudolf Grabs, München 1974, Band 1, S. (19–252) 244; 248.*

Nachdruck aus: Freises Christentum. Jahrgang 70 (2018), S. 61–69

Würdigungen

Harald Steffahn
1930–2018

Richard Kik
1899–1969

EINHARD WEBER

Nachruf auf Dr. Harald Steffahn – verstorben am 3. April 2018

Die Tatsache, dass man Harald Steffahn 2017 den 3. Internationalen Albert-Schweitzer-Preis zuerkannt hatte, war ihm eine große Freude.

Bereits erkrankt, war er noch in der Lage, seine Dankesrede zu schreiben, aber nicht mehr den Preis Anfang Oktober 2017 in Königsfeld entgegenzunehmen.

Und so hat nach der Laudatio von Einhard Weber, Vorsitzender des Deutschen Hilfsvereins, Gottfried Schüz, Vorsitzender der Stiftung Deutsches Albert Schweitzer Zentrum, seine Dankesrede verlesen.

In Würdigung seiner großen Persönlichkeit veröffentlichen wir hier die beiden Reden, auch um den Freund von Albert Schweitzer und den Verbreiter seines geistigen Werkes bekannter zu machen.

EINHARD WEBER

Laudatio auf Dr. Harald Steffahn

KÖNIGSFELD, 3. OKTOBER 2017

Lieber Herr Link, lieber Herr Randin, liebe Albert Schweitzer-Freunde, meine sehr verehrten Damen und Herren,

1930 in Berlin-Charlottenburg geboren, hat Harald Steffahn den ganzen Krieg als Jugendlicher erst in seiner Heimatstadt, dann mit einer Kinderlandverschickung im Wartheland, erlebt. Auf der Flucht vor der russischen Großoffensive landete er in Einsiedel bei Chemnitz, um schließlich mit der Familie bei Verwandten in Auerbach im Vogtland bis zum Kriegsende unterzukommen. Sobald als möglich Rückkehr nach Berlin, wo er 1949, ohne Verzögerung durch den Krieg, sein Abitur bestand. Gleich danach Übersiedelung nach Hamburg und Beginn eines zweijährigen Zeitungs-Volontariats bei den „Norddeutschen Nachrichten".

Mit dem Wintersemester 1951/52 Studium an der Universität Hamburg mit den Fächern Mittlere und Neuere Geschichte, Politikwissenschaft und Öffentliches Recht. Im Februar 1959 Studienabschluss mit der Promotion zum „Dr. phil.".

In der Mitte des Studiums, Harald Steffahn war Mitte Zwanzig, begleitete er seine Mutter zu einem Verwandtenbesuch in die DDR, nach Thüringen, und begegnete dort einem zwölfjährigen Mädchen. Der Eindruck muss gewaltig gewesen sein, denn er schrieb in sein Tagebuch: *„Sollte Thüringen mein Schicksal sein?"* Und es wurde sein Schicksal, denn Gerlinde Steitz war 1961 mitten im Abitur, als die beiden heirateten und er sie mit nach Hamburg nahm.

Zwei Jahre vorher – 1959 – begann Dr. Steffahns Berufsleben mit einer Anstellung im „Spiegel"-Archiv. Bereits ein halbes Jahr später – im Frühjahr 1960 – wechselte er auf einen Redakteursposten bei der Deutschen Presse-Agentur (dpa) in Hamburg. Seine Aufgabe dort war die Fertigung des sogenannten „Überseebriefs“ dreimal wöchentlich. Das bedeutete: Zusammenstellung wichtiger Meldungen aller Ressorts, die versendet wurden an die deutschsprachigen Zeitungen in Übersee und an die deutschen Botschaften in anderen Kontinenten.

Angeregt von dem großen Spiegel-Artikel 1960 zu Schweitzers 85. Geburtstag machte Harald Steffahn ein Jahr später mit seiner jungen Frau seine erste Afrikareise nach Lambarene, drei Jahre später folgte die zweite. Davor war im 22. Rundbrief des DHV 1963 von ihm ein Aufsatz „Goethe und Albert Schweitzer“ erschienen, in dem viel in die Tiefe Gehendes gedacht und das Gemeinsame, aber auch das sie Unterscheidende deutlich herausgearbeitet wurde.

Die erneute Begegnung 1964 mit Albert Schweitzer schildert Harald Steffahn in einem seiner vielen Aufsätze für die Rundbriefe des Deutschen Hilfsvereins so:

Erste Frage bei der Wiederbegegnung an den jetzt Neunundachtzigjährigen: ob er sich an mich noch erinnere. Antwort, stattdessen: *„Du hast mir ganz schön was eingebrockt!“* Ich, erschrocken: *„Wieso?“ „Mit dem Aufsatz, mich an die Seite von Goethe zu stellen. „Haben Sie denn Zeit gehabt, ihn überhaupt zu lesen?“*

„Dreimal habe ich ihn gelesen.“

Doch nur wenig später: *„Ich kann nichts dagegen sagen. Ich habe bei meinem Vortrag in Amerika auch das Gefühl gehabt, wir hätten Gemeinsames.“*

Aber Goethe sei sich nicht immer gleich geblieben; er habe zeitweilig nur sich gelebt, dann wieder für andere. Er sei auch nicht Philosoph gewesen, habe sich nicht denkerisch zu begründen versucht, eine Bestimmung des Lebens nicht artikuliert.

Er kommt auf den Essay zurück: *„So etwas zu schreiben* (gemeint: das Goethe An-die-Seite-Stellen), *kann man vielleicht in hundert Jahren versuchen.“* – Steffahn: *„So lange kann ich nicht warten. Ich habe es eben so gesehen.“* Albert Schweitzer, übergangslos: *„Ich bin dafür, wir sagen ‚Du‘.“* –

Steffahn: *„Ich fände es wunderschön, wenn Sie ‚Du‘ sagen, aber ich kann doch nicht das gleiche tun.“ „Dann sage ich auch ‚Sie‘“.* Er boxt mich, wir lachen. Albert Schweitzer: *„Ich habe früher auch von bedeutenden Leuten, die viel älter waren, das ‚Du‘ angenommen.“*

Albert Schweitzers Wunsch nach Zusammenarbeit auf kulturphilosophischem Gebiet wurde durch seinen Tod verhindert. Soweit der Abschnitt aus dem Aufsatz „Lambarene 1964“.

Die Zeit bei der dpa dauerte zwölf Jahre bis 1972, dann wechselte Dr. Steffahn zur politischen Redaktion der ZEIT. Aber schon bald - 1975 - entschloss er sich, als selbständiger Journalist und Schriftsteller zu arbeiten. Die journalistische Arbeit bis 2002 galt vorwiegend dem Hörfunk beim Deutschlandfunk, NDR und dem Sender Freies Berlin.

Von den 18 Büchern, die Harald Steffahn geschrieben hat, sind vier dem Leben und Werk Albert Schweitzers gewidmet. 1974 erschien bei Paul Haupt in Bern „Du aber folge mir nach“, für mich eines der inhaltsreichsten und stilistisch besten Bücher über Schweitzer. Zehn Jahre später kam bei C.H. Beck in München das hervorragend zusammengestellte „Albert Schweitzer Lesebuch“ heraus und 2005 im Neukirchner Verlagshaus „Mein Leben ist mir ein Rätsel. Begegnungen mit Albert Schweitzer“.

Die größte Wirkung hat vermutlich immer noch die 1979 erstmals erschienene rororo-Monographie, von der - z. Zt. in der 19. Auflage - 80.000 Exemplare verkauft wurden. Nicht nur für mich ist dieses schmale Büchlein eine Fundgrube. Wenn ich über Schweitzer etwas suche, dann heißt es: Schau erst mal bei Steffahn nach.

Ein Beispiel: Wann und wofür bekam der Dr. Schweitzer den Professorentitel? Darüber findet man in der Literatur die unterschiedlichsten Angaben. In der Zeittafel der Monographie findet man unter dem 14. Dezember 1912 folgende Eintragung: Professoren-Titel von seiten des kaiserlichen Statthalters wegen der *„anerkennenswerten wissenschaftlichen Leistungen.“*

Ob Bücher oder Rundbrief-Artikel, alle beeindrucken durch genaueste Recherchen, Gedankenreichtum und eine Kunst des Formulierens, die den geborenen Schriftsteller ausmachen.

Durch die persönliche Begegnung mit Albert Schweitzer und die gründliche Auseinandersetzung mit seinem Werk fühlte sich Harald Steffahn in die Pflicht genommen, Schweitzers Werk zu verbreiten und darüber hinaus zu denken:

„Der Nachgeborene, auch wenn er sich dem fast 90-jährigen noch freundschaftlich hatte verbinden dürfen, hat mit dem Recht und der Pflicht der

Enkelgeneration zu fragen, was aus dem Material seines Lebens fortwirken wird und in welcher Weise."

Und schon auf der nächsten Seite des Vorwortes seines ersten Albert Schweitzer-Buches „Du aber folge mir nach" beginnt er mit dieser Arbeit:

„Jeder Interpret wird von neuem von dem ‚Abenteuer Schweitzer' gefesselt, das sich räumlich und geistig erst zwischen zwei Ländern und dann zwischen zwei Erdteilen vollzog.

Die Anziehungskraft liegt aber nicht nur in der Einheit von Denken und Tat, in der Glaubwürdigkeit des Lehrenden, seine Lehre vorzuleben. Der Reiz, über diese Gestalt nachdenkend zu schreiben, liegt auch darin, dass dieses schon klassisch zu nennende Modell eines Lebens exemplarische Grunderfahrungen enthält: Man könnte das abrahameische Gleichnis anführen, dass eine große Opferbereitschaft Gnade erfährt; der Verzicht wertet sich in Vorteile um, die ohne Verzicht nie zu gewinnen wären. Auch lässt sich an dem aus kleinsten Anfängen ins Große gewachsene Lambarene-Werk die Wahrheit des Spruches ‚Aus meiner Kindheit und Jugendzeit' erweisen: ‚Was ein Mensch an Güigkeit in die Welt hinaus gibt, arbeitet an den Herzen und an dem Denken der Menschen.'

Nicht weniger gewichtig ist – neben Opfer und Liebe – das Stichwort Ruhm: ‚Wird das Licht der Verehrung und Bewunderung grell, dann breiten sich unabänderlich die Schatten von Missgunst, Verleumdung und Neid aus.'"

Innerhalb der Beiträge für die Rundbriefe nimmt der große Aufsatz „Abend am Ogowe" einen ganz besonderen Platz ein. Es ist der Versuch, auf knapp 40 Seiten das Besondere an Albert Schweitzers Leben und Werk zu schildern. Albert Schweitzer selbst nennt diesen Aufsatz „Bericht über mein Leben und Erleben ..."

Was hat Albert Schweitzer an diesem Aufsatz vermutlich so gefallen? Sicher die genauen Beobachtungen, die sicheren Urteile und nicht zuletzt die getroffene Atmosphäre. So beginnt Harald Steffahn mit dem bekannten Mörike-Gedicht:

„Gelassen stieg die Nacht ans Land,
Lehnt träumend an der Berge Wand,
Ihr Auge sieht die goldene Waage nun
Der Zeit in gleichen Schalen stille ruhn;

Und kecker rauschen die Quellen hervor,
Sie singen der Mutter, der Nacht, ins Ohr
Vom Tage,
Vom heute gewesenen Tage."

Und dann folgt eine dieser genauen und doch dichterischen Beobachtungen:

„Die zwei Petroleumlampen auf dem Tisch kennen nicht den Wettbewerbseifer unser städtischen Neonfluten, die mit der Dunkelheit konkurrieren, sondern scheinen anspruchslos vor sich hin.

Nacht ist für sie Nacht, dagegen kann man nichts machen. Dafür bieten sie etwas, das unsere Großeltern noch kannten, das aber dann als unzeitig abgetan wurde: Sammlung.

In den warmen, gedämpften Lichtkreis hinein hängt eine wirre Haarsträhne. Sie hatte es schon den ganzen Tag über an dem ihr zugewiesenen Platz nicht ausgehalten. Der Besitzer hat sie nach mehrfachen Zurechtweisungen schließlich nicht mehr beachtet.

Die Zettel, Hefte, Bücher, Briefe, Zeitungen auf dem Tisch werden das Gefühl nicht los, dass sie von der Katze, die auf ihm wohnt, eigentlich nur geduldet sind. Glücklicherweise hat das Huhn, das sich eines Tages entschloss, in diesem Raum zu schlafen, den Tisch als schon vergeben respektiert."

Kann man das, was wir aus vielen Bildern kennen, schöner beschreiben? Und wenig später findet Harald Steffahn passende Worte für den fast 90-jährigen Urwalddoktor:

„Das Motiv des rastlosen Greises hat etwas Ergreifendes. Was ist bejahender, krisenstrotzender? Nichts also hat ihn resignieren lassen, er gibt noch immer nicht auf. Wer eine Heilkur der Seele braucht, ein Karlsbad für das Gemüt, der schaue und suche, einen Methusalem zu finden über Stößen von Büchern, Briefen, Zeitungen und Rechnungen, bei Schaufeln, Spitzhacken, Steinen und Sand, und möglichst eifernd, mit heftiger Gestikulation. Insbesondere allen, die in Weltschmerz schwelgend an der Klagemauer des Jahrhunderts stehen, müsste eine solche Suche ärztlich verordnet werden. Der Gesundungsprozess würde nicht aufzuhalten sein."

Derartige Beobachtungen und Gedanken findet man auf den nächsten Seiten immer wieder.

Und wie reagierte Albert Schweitzer auf diesen Bericht über sein „Leben und Erleben"? Hier der Anfang des Dankesbriefes:

„Ich weiß nicht, wie dir danken, dass du ‚Abend am Ogowe' noch fertig brachtest, dass dies noch in dem 25. Rundbrief für den Freundeskreis zum 90. Geburtstag erscheinen konnte. Ich weiß überhaupt nicht, wie dir danken für diese Schrift. Immer, wenn ich erfahre, dass jemand über mich zu schreiben unternimmt, habe ich Angst, dass er in bester Absicht nicht den richtigen Ton trifft.

Du spielst ruhig und sicher in der rechten Tonart. Du stimmst deine Leier mit Versen von Mörike, den ich von Jugend an verehrt habe, wie ich überhaupt in der deutschen Romantik aufgewachsen bin und noch darin lebe. In allen meinen Europaaufenthalten bin ich jedes mal in seine Kirche gegangen und habe ihm stundenlang in der leeren Kirche Orgel gespielt."

Übrigens: *„Seine Kirche"* steht in Cleversulzbach, nördlich von Heilbronn. Auf dem dazugehörigen Friedhof gibt es etwas ganz Besonderes – für die Mütter von Schiller und Mörike einen gemeinsamen Grabstein. Und Schweitzer beendet den Brief auf seine besondere Art und Weise:

„Nun, darf ich dir sagen, dass ich das, was du über mein Leben und Denken schreibst, als das Beste, was man darüber schreiben kann, ansehe. Ich erstaune, dass du eine solche Erkenntnis hast und sie so darstellen kannst. Ich kann mir vorstellen, welche Arbeit nötig war, diesen Stoff zusammenzutragen und ihn zu gestalten."

Es gibt wohl niemanden, der nach Albert Schweitzers Tod so viel für die publizistische Verbreitung von Dr. Schweitzers Gedankengut auf sehr hohem Niveau getan hat.

HARALD STEFFAHN

Das bleibende Haus

DANKESREDE, VERLESEN VON GOTTFRIED SCHÜZ, KÖNIGSFELD, 3. OKTOBER 2017

Wie man Urwalddoktor wird

Die Bibel schon die Weichen stellt:
Geht hin und lehret alle Welt!
Den Völkern bringt das Gotteswort,
in jedes Land, an jeden Ort!
Auch noch nach neunzehnhundert Jahren
ward treu nach dem Befehl verfahren.
Als Heilsberuf erkannten dies
Auch fromme Christen in Paris.
Sie wirkten lutherisch und ganz
in lehrsatztreuer Observanz.

Da kam ein Kandidat daher und bot sich an,
fern über'm Meer das Evangelium zu verkünden.
Doch lehnte man ihn ab aus Gründen
der schwachen Dogmen-Festigkeit.
Die Folge war ein langer Streit.
Am Ende ging er glücklich aus:
Ein Urwalddoktor wurde draus.

Nie hätt' der Mann der Wissenschaft,
der Orgelkunst, die große Kraft
zum vierten Studium aufgebracht,
hätt' man den Weg ihm leicht gemacht.
Der Schweitzer, wie die Welt ihn kennt
und „Urwalddoktor" rühmend nennt,
er konnte dies allein nur werden
aufgrund dogmatischer Beschwerden.

Ethik lässt sich nicht zur Norm erheben wie ein Gesetz. Sie ist mehr als *„du sollst nicht"*, mehr als ein durch Strafandrohung gestützter Zwang zum friedlichen Zusammenleben. Sie ist nicht der kleinste gemeinsame Nenner, sondern der schwer erreichbare größte.

Das Kriegsjahr 1915, als wahrlich vor keinem Leben Ehrfurcht bestand, war nicht der Einstieg in Schweitzers Kulturphilosophie. Der hatte schon vor der Jahrhundertwende begonnen. Nach der Dissertation über Kants Religionsphilosophie waren es Schopenhauer und Nietzsche, mit denen er sich - noch vor dem Ende des Theologiestudiums - auseinandersetzte.

Ersterer stand ihm nahe durch die mitleidvolle Achtung vor aller Kreatur, war aber dann in die Resignation und Lebensverneinung abgebogen.

Nietzsche trotzige Lebensbejahung hielt ihn auch nicht fest angesichts seiner Weltanschauung, die Mitleid als Schwäche abtat und denkerisch sich bis zum Begriff des Herrenmenschen verrannte.

Die Kulturphilosophie galt Schweitzer seit der Erstveröffentlichung 1923 mehr als jeder andere Ertrag seiner so breit angelegten Lebensarbeit mit ehrwürdigen Ergebnissen in drei Fachgebieten - Theologie, Musik, Medizin.

„Das bleibende Haus, so hoffe ich, wird mein Denken sein. Nur das Denken, das die Gesinnung der Ehrfurcht vor dem Leben zur Macht bringt, ist fähig, den ewigen Frieden heraufzuführen." Der Glaube an die philosophisch sich ernährende Vernunft und an die Möglichkeiten auf sich gründender humanitärer Entfaltung bestimmte Schweitzers Handeln.

Er hat diesen Glauben zum Motor seiner Lebensarbeit gemacht, und man hat gesehen, was dieser Motor leisten konnte.

Das Auftreten des Urwalddoktors, der enorme Widerhall seiner praktizierten Humanität, aber auch sein Vertrauen in die Macht des Denkens hat die Frage herausgefordert, was über sein Leben hinaus in greifbarem Kausalverhältnis von Vorbild und Rezeption erhalten bleiben werde; ob „mächtigeres Denken" auf idealistischer Grundlage Wirklichkeit verändern könne. Niemand konnte Grundsätze entwerfen, deren moralische Reichweite die von ihm gelehrten übertrifft.

Ehrfurcht vor dem Leben kann man missachten; ersetzen kann man sie nicht. In ihrer kompromisslosen Reinheit besitzt sie etwas Erhabenes.

In Konsequenz durchdringender Gedankenarbeit, welche unmittelbar den afrikanischen Alltagserfahrungen entsprang, stieß Schweitzer natürlich auf den Sinnzwiespalt bei grundsätzlichem Gleichrang alles Leben. *„Das wir gezwungen sind, vielfältig Leben zu vernichten, ... um uns vor schädlichen Tieren zu schützen: das ist das furchtbare Gesetz der Entzweiung des Willens zum Leben, dem wir unterworfen sind."* Die unerbittlichen Zwänge, die dem besten Streben Grenzen setzen, mindern nicht den Wert des Strebens selbst. In unserem Zeitalter hat dies niemand mit schonungslosem Einsatz getan und mit dankbarem Widerhall als der Sohn des alemannischen Brückenlandes. Er ist auf unserem Erinnerungsweg die überzeugendste ethische Kraft.

Ist Albert Schweitzer für unsere Gesellschaft zeitgemäß und modern? 1923 beschrieb er, wie der Mensch im modernen Staat Einflüssen ausgesetzt ist, die sein Denken herabsetzen, sein Selbstvertrauen untergraben, ihn entmündigen. Übergeschäftigkeit, Ungesammeltheit, Zerstreuungssucht üben ihre Macht. Die Spezialisierung lässt die Persönlichkeit verkümmern. Hast und Vermassung fördern die nachbarliche Entfremdung.

Überorganisation dirigiert die öffentlichen Verhältnisse, hemmt alle Kultur. Meinungen werden frei Haus bezogen, und eine suggestive Propaganda zwingt dem geschwächten Geist auf, was er glauben soll.

Wo es bei Schweitzer um einmal gewonnene moralische Überzeugung ging, blieb er unbeirrbar, ungeachtet von Vorwürfen bisheriger Bewunderer und von Ansehensverlusten. Besonders sinnfällig wurde dies in den späten fünfziger Jahren mit seinem Einsatz gegen die Kernwaffenversuche im Rüstungswettlauf der beiden Weltmächte.

Die weiße Zivilisation erkannte in dem schnauzbärtigen Alten unter dem Tropenhelm eine erfüllte Sehnsucht. Denn wo sie Programme entwirft, tat er den ersten Schritt; wo jeder noch zu viel vom anderen erwartet, da wartete er nicht; wo sich sonst der Erfolgsmensch mit Ellenbogen durch die Karriere boxt, da beglückte dieser Erfolgreiche mit seiner unsentimentalen Barmherzigkeit.

„Ich habe mir immer gewünscht, dass mein Wirken und Denken einmal als anonyme Macht in den Besitz der Menschheit eingehe. Solange meine Gedanken lebendig bleiben, solange mein Geist in den Taten anderer Menschen am Werk ist, werde ich leben."

Wer sich ihm anvertraut, weiß sich aufgehoben und lebt sich zu größerer Freude und ist gewiss, dass er aus dieser Begegnung nie mehr entlassen wird.

Zum Abschluss eine kurze Würdigung jener Persönlichkeit, welche bei der Beschäftigung mit Albert Schweitzer fast immer nur gestreift wird, obwohl sie der wichtigste Mensch in seinem Leben war: Helene geborene Bresslau. Vor einem Vierteljahrhundert erschien der Briefwechsel zwischen beiden von 1902 bis 1912, nachdem Tochter Rhena diesen Schatz erst spät im Nachlass entdeckt hatte. Vor einigen Monaten hat Einhard Weber Auszüge daraus zu einer CD zusammenstellen lassen, die ein Hörgenuss ist. Mehr noch als beim Lesen der Texte beeindruckt ihr Klang im Ohr, tritt die Herzensnähe, die innige Verbundenheit beider hervor. Auf eine Lebensbindung hätte man wetten können, wäre sie den Lesern oder Hörern nicht längst bekannt gewesen. Diese Tonfolge verdient großen Dank und bleibt ein besonderer Wertgegenstand der Schweitzer-Hinterlassenschaft.

KONSTANZE SCHIEDECK

Richard Kik – Eine Würdigung zum 50. Todestag

Es gibt nicht mehr viele Zeitzeugen, die Richard Kik erlebt haben, jedoch viele, die sich an sein Jugendbuch „Beim Oganga von Lambarene“ erinnern, so wie ich. 1955 bekam ich es zu meinem 12. Geburtstag geschenkt und genau an die Altersgruppe richtet sich das 80-seitige Büchlein, 1954 erstmalig verlegt.

Erstaunlich, wie einfühlsam der Autor die Arbeit Albert Schweitzers dem jungen Leser vor Augen führt. Dabei bekam er selbst erst 1956 Lambarene zu Gesicht. Doch der Ort, den er beschreibt, war ihm durch eine Dia-Serie bekannt, die er 1929 von Schweitzer persönlich geschenkt bekam, nachdem dieser zuvor in der Ulmer Garnisonskirche am 13. Mai einen Vortrag über sein Wirken im Spital gehalten hatte.

Dass gerade Kik von den 2.000 Zuhörern die Bilder erhielt, lässt vermuten, dass er ein persönliches Gespräch mit Schweitzer gesucht hatte. Diese Begegnung darf als eine Sternstunde bezeichnet werden.[1]

Von nun an beginnt eine Freundschaft, die bis über den Tod Schweitzers hinaus reicht.

Doch ein früheres Datum weist darauf hin, dass die erste „geistige Begegnung“ mit Albert Schweitzer bereits am 16. September 1928 in Form eines schmalen, grauen Bändchens mit dem Titel „Verfall und Wiederaufbau der Kultur“ stattgefunden hatte. Wir wissen dies; denn akribisch genau pflegte Richard Kik in seinen Büchern zu vermerken, wann er dieses gekauft und wann er es gelesen hatte.[2]

Doch was motivierte diese Persönlichkeit, vier Jahrzehnte seines 70 Jahre währenden Lebens in den Dienst Albert Schweitzers zu stellen? Dem möchte ich nachspüren.

Richard Kik kommt am 5. November 1899 in Ötlingen zur Welt, einem Dorf unweit von Kirchheim unter Teck. Er wächst vaterlos auf. Die Mutter, Christiane Wilhelmine Marie, ist alleinerziehend, wird aber unterstützt durch ihren Vater, Wilhelm Kik, einem Möbelschreiner. Spannungen und

Anfeindungen werden Mutter und Sohn im Dorfalltag nicht erspart geblieben sein. Doch der Junge lernt gut und darf das Progymnasium in Kirchheim besuchen und später ein Lehrerseminar in Esslingen. Er strebt an, lernschwache und behinderte Kinder zu unterrichten. Schon hier ist seine Affinität zu Albert Schweitzer zu erkennen. 1917 werden seine Studien durch Einberufung zum Kriegsdienst unterbrochen. Nach neun Monaten Drill beim Königlich-Württembergischen Gebirgsbataillon in Kirchheim dient er ein halbes Jahr im Feld und gerät dann in französische und amerikanische Gefangenschaft.[3]

Im Herbst 1919 bekommt er fast 20-jährig seine erste Anstellung als Lehrer in Stuttgart. Vieles treibt den jungen Mann noch um. Die Erfahrungen im Krieg haben Spuren hinterlassen und werfen existentielle Fragen auf: Wie soll man mit dem Niedergang der Kultur umgehen? Gleichzeitig neben dem Schuldienst nimmt Kik ein Studium in Tübingen auf und später in München, um sich in der Heilpädagogik weiter zu bilden. 1927 erhält er in Ulm die Stelle eines Hilfsschullehrers. Gleichzeitig gibt er Kurse für Lehrer und wird Dozent an der Volkshochschule. Seine Fotoleidenschaft führt dazu, dass ihm die Leitung der Kreisbildstelle übertragen wird.

In dieser aktiven und geistig lebendigen Phase erlebt er auch sein persönliches Glück. Im November 1926 kann er Wilhelmine Eberhardt heiraten, die ihm 1927 den ersten Sohn Günter zur Welt bringt.

Neben seiner Arbeit mit lernschwachen, behinderten Kindern befasst er sich mit ethischen und gesellschaftspolitischen Fragen und insbesondere mit folgenden Personen: Oswald Spengler,[4] Friedrich von Bodelschwingh,[5] Johann Heinrich Pestalozzi,[6] und Fridtjof Nansen,[7] und ab 1928 auch mit Albert Schweitzer. Mit diesen Personen beschäftigt er sich so intensiv, dass es ihm ein Bedürfnis ist, anschließend Vorträge über sie zu halten.

Auch Sprache an sich fasziniert ihn. Die Dichter Hermann Hesse und Rainer Maria Rilke stehen ihm nahe.

Seine Aktivitäten, u. a. seine Leidenschaft Schach zu spielen, führen ihn mit dem Apotheker Dr. Max Lechner zusammen. Dieser war bereits ein Albert Schweitzer-Verehrer und hatte einen Kreis Gleichgesinnter um sich geschart. Die Bekanntschaft mit Lechner weckt Kiks Interesse an Albert

Schweitzer, und so kommt es zu jener bereits erwähnten schicksalhaften Begegnung zwischen dem 24 Jahre jüngeren Kik und dem Urwalddoktor. Der Kreis um Lechner, eine Gruppe von Freiwilligen, privat Interessierten, ohne juristische Vereinsform, beschließt, die „Briefe aus dem Lambarene-Spital" (BLS) - persönlich von Schweitzer verfasst - die einmal jährlich eintreffen, zu drucken und an Spender zu versenden, um somit das Krankenhaus zu unterstützen. Kik übernimmt das Amt des Kassenwarts. Bereits 1930 kann er die beachtliche Summe von 1.000 Reichsmark Spendengelder nach Lambarene überweisen.

Im Januar1930 kommt das Erste Rundschreiben mit der 11. Folge der „Briefe aus Lambarene" heraus.

Fünf Jahre später, im Januar 1935, überreicht Dr. Lechner in Straßburg Albert Schweitzer zu dessen 60. Geburtstag ein Buch mit 100 Grüßen von deutschen Freunden. Zu dem Anstieg der Unterstützer hat Kik durch seine Vorträge maßgeblich beigetragen.

Im August 1936 besucht der 36-Jährige seinen Freund in Günsbach und erlebt das Umfeld, das Schweitzer in seiner Kindheit und Jugend prägte.

Im Februar 1939 erscheint die 22. Folge der BLS. Der Zweite Weltkrieg beendet abrupt die intensive Zusammenarbeit; denn es treffen nur noch spärliche Nachrichten über Umwege aus Lambarene ein. Erst im Juli 1946 kann die 23. Folge der Lambarene-Briefe mit Informationen aus den Kriegsjahren herausgegeben werden.

Vom Leid, das der Zweite Weltkrieg vor allem in den Großstädten anrichtet, bleibt auch die Familie Kik nicht verschont. Während der älteste Sohn Günter und der Vater an der Front dienen, wird die Familie am 1. März 1945 in Ulm ausgebombt. Mit Peter, Lotte, Dieter und Walter, im Alter zwischen dreizehn und drei Jahren steht die Mutter auf der Straße. Sie befindet sich kurz vor der Geburt ihres sechsten Kindes Reiner.

Der Vater gerät nach Kriegsende in Gefangenschaft und wird verpflichtet, in Ulm Trümmer fortzuräumen, während Mine mit den Kindern in Regglisweiler, südlich von Ulm in beengten Verhältnissen unterkommt. Die Kinder sehen ihren Vater nur an den Wochenenden; denn Wohnraum muss erst geschaffen werden. Es dauert fünf Jahre, bis die Kik-Familie

1950 in Heidenheim an der Brenz wieder zusammen findet. Hier wird der Vater Rektor an der Olga-Schule und er richtet eine „Erziehungsberatungsstelle für Stotterer und Stammler“ ein. Die Rektorenstelle wird er innehaben bis zu seiner vorzeitigen Pensionierung, die er einreicht, um im April 1963 an den Feierlichkeiten zum 50. Jubiläum des Schweitzer-Spitals teilnehmen zu können. Zu diesen hatte Schweitzer ihn und seine Frau persönlich eingeladen. Seinen Lebensabend verbringt Kik in Dettingen unter Teck, das nur etwa sechs Kilometer von seinem Geburtsort Ötlingen entfernt liegt.

Zur Einweihung des Schweitzer-Denkmals von Prof. Fritz Behn fährt Kik im Juni 1969 nach Günsbach. Auf dem Kanzrainfelsen, einst Schweitzers Lieblingsplatz, wird dieses aufgestellt. Im 32. Rundbrief berichtet er von diesem Ereignis und weist darauf hin, dass der nächste Rundbrief Albert Schweitzers 95. Geburtstag gewidmet sein wird. Doch dazu sollte es nicht mehr kommen. Am 21. Dezember 1969 erliegt er überraschend einem Herztod. Das plötzliche Ableben ruft nicht nur bei der Familie, sondern auch bei seinen Freunden Bestürzung hervor. Weder zu Schweitzers 95. Geburtstag noch zu seinem fünften Todestag am 4. September erscheint ein neuer Rundbrief.

Erst am 10. Oktober 1970 liegt der nächste auf dem Tisch, auf der Titelseite mit einem Bild von Richard Kik, der am Schreibtisch sitzt. Bisher hatte Albert Schweitzer ab Rundbrief 5 mit wenigen Ausnahmen diesen Platz eingenommen.[10]

Seite 1 vermerkt, dass Frau Mine Kik den Freundeskreis weiterleiten wird, an sie darf auch gespendet werden. Auf Seite 2 wendet sich Frau Kik persönlich an die Spender und schreibt: *„Im Geiste Dr. Schweitzers und meines Mannes möchte ich den Freundeskreis für das Albert-Schweitzer-Spital in Lambaréné weiter führen.“*[11]

Es folgen bis zur Seite 10 Würdigungen für den Verstorbenen, u. a. ein Brief von Schweitzer, den er am 3. November 1959 aus Paris an seinen Freund und Verehrer geschrieben hatte.

„Mit Richard Kik ist Albert Schweitzer zum zweiten Mal gestorben“, so äußert sich Dr. Erhard Mitschischeck.[12]

Anerkennung und Dank, was Kik für ihren Vater getan hat, spricht auch aus dem Brief vom 5. März 1970, den Schweitzers Tochter Rhena aus Zürich an Mine Kik schickt. Ich werde ihre Zeilen ans Ende meiner Ausführungen stellen. Ein Ausdruck jener Zeit ist ihre Adressierung: Frau Richard Kik, Mörikestraße 11 usw.[13]

Einige Jahre vor Schweitzers Tod wurde darüber nachgedacht, wie sollte es nach seinem Ableben in Lambarene weitergehen. Bereits am 12. Januar 1963 wurde ein Deutscher Hilfsverein zur Bewahrung seines geistigen Werkes und zur Erhaltung des Spitals gegründet. Er bestand neben dem von Kik geleiteten Freundeskreis. Beide hatten die gleichen Ziele und standen sich auch nahe, denn einige der Personen waren Mitglieder beider Organisationen. Im Rundbrief vom 21. November 1965 erklärt Kik im Vorwort: *„Dieser 27. Rundbrief (Gedenk-Rundbrief) wird voraussichtlich der letzte Rundbrief des ‚Freundeskreises von Albert Schweitzer' sein. Der Freundeskreis von Albert Schweitzer wird, da sein Mittelpunkt nicht mehr unter den Lebenden weilt, durch den ‚Deutschen Hilfsverein für das Albert-Schweitzer-Spital in Lambaréné e. V.' abgelöst."*[14]

Auch im Hilfsverein fungierte Kik als Schatzmeister, aber eigentlich widerstrebte ihm die „Vereinsmeierei". Darüber äußert er sich in einem Nachwort im nächsten Rundbrief. Er schreibt: *„Aus technischen Gründen musste der Freundeskreis die Form eines eingetragenen Vereins annehmen, aber dem Inhalt nach wird der Verein ein Zusammenstehen von ‚Freunden' bleiben ..."*[15]

Zuvor hatte er auf Seite 73–74 die Satzung für den Deutschen Hilfsverein für das Albert-Schweitzer-Spital in Lambaréné e. V. mit Sitz in Ludwigsburg bekannt gegeben. Nur die Rundbriefe 28 und 29 tragen den Titel „Rundbriefe des Deutschen Hilfsvereins für das Albert-Schweitzer-Spital in Lambarene für den Freundeskreis von Albert Schweitzer". Der 30. Rundbrief nennt zunächst die Freunde und weiter unten den Deutschen Hilfsverein. Der 31. Rundbrief vom 1. Dezember 1968 wendet sich nur noch an den Freundeskreis und verzichtet erstmalig auf einen Spendenaufruf. Dies deutet auf Spannungen hin, die zwischen dem Freundeskreis und Hilfsverein aufgekommen sind. Im 32. Rundbrief vom 15. Oktober 1969 nennt Kik wieder zwei Konten, die für den Spender eingerichtet sind. Am Schluss dieses Rundbriefes wendet er sich nochmals an seine Freunde und gibt bekannt, dass er aus dem Deutschen Hilfsverein in Bielefeld ausgetreten ist. Der nächste Rundbrief werde zum 15. Januar 1970 erscheinen. Erstmalig unterschreibt er: *Ihr alter Richard Kik.*[16]

Im Februar 1969 kam der Hilfsverein für das Albert Schweitzer-Spital nach Frankfurt am Main. Dafür sprach die enge Verbindung zwischen Schweitzer und der Mainmetropole. Schon zehn Jahre zuvor war der Goethe-Verehrer Ehrenbürger der Stadt geworden.[17]

Inhalte und Bedeutung der Rundbriefe

Die Rundbriefe verfolgten zwei Ziele: Zum einen, den Leser mit der Ethik Albert Schweitzers vertraut zu machen, zum anderen das Spital in Lambarene zu unterstützen.

Im Rundbrief 5, Seite 2 erklärt Kik seinen Lesern: *„Der Freundeskreis ist keine Organisation mit festen Beiträgen oder irgendwelchen Verpflichtungen. Zum Freundeskreis gehören Menschen, die Bücher von Albert Schweitzer gelesen haben, die sein Wirken als Vorbild und Beispiel betrachten, und die in ihrem eigenen Leben irgendwie und irgendwo seine ethischen Forderungen in die Tat umsetzen ...“*[18]

Spätere Rundbriefe erwähnen nicht mehr, dass man Bücher von Schweitzer gelesen haben muss, sondern nur, inwiefern sich der Freundeskreis von einem Verein unterscheidet.

Der 16. Rundbrief (1. Oktober 1960) enthält erstmalig hinten ein Inhaltsverzeichnis. In den nächsten erscheint dieses vorne, und der Leser ist schnell informiert, was ihn bei dieser Lektüre erwarten wird. Da sind Texte aus dem Spital zu finden, sei es von Schweitzer selbst oder von Besuchern, die ihre Beobachtungen mitteilen. Neben Schweitzers Ethik stehen zuweilen Gedichte von Hermann Hesse oder mir unbekannten Personen. Gratulationen zum Geburtstag werden ausgesprochen, Verstorbene geehrt, auch afrikanische Helfer auf dem Friedhof in Lambarene bleiben nicht unerwähnt. Berichte aus dem Ausland wie Belgien und Peru, die Entstehung eines ersten Albert-Schweitzer-Kinderdorfes in Waldenburg,

Hinweise auf Vorträge und Konzerte informieren den Leser und machen ihn mit der Welt Albert Schweitzers und seinen Freunden vertraut. Auch Briefe von Schülern aus Lambarene an deutsche Schüler werden abgedruckt (1965). Zuweilen greift Kik auf einen zu einem früheren Zeitpunkt veröffentlichten Beitrag zurück. Immer wieder fügt er Originaltexte von Schweitzer ein.

Jeder Rundbrief ist inhaltlich wie ein buntes Kaleidoskop, das die Welt Schweitzers und seiner Unterstützer abbildet, auch wenn in den Briefen keine bunten Bilder zu finden sind, sondern nur Schwarzweiß-Abbildungen auf der Titel- und Rückseite, zuweilen auch im Inneren.

Die Rundbriefe 1 bis 32 umfassen mehr als 2.000 Seiten. Die Texte wollten ausgewählt, redigiert und editiert werden. Manch nächtliche Stunde hat Kik an seinem Schreibtisch gesessen, um das Bild- und Textmaterial für einen Rundbrief zusammenzustellen. 1963 schreibt er wie folgt: *„Einem Schulmeister, der täglich in der Schulstube steht, bieten sich nur die Abend- und Nachtstunden für die gewohnte seit Jahrzehnten geübte ‚Lambarene-Arbeit' an, und da geben dann nur gute Gedanken und keine Briefe zu den vielen Freunden ... In drei Jahrzehnten ist der Freundeskreis still und langsam, aber stetig gewachsen, ohne daß Lärm und Propaganda dafür nötig war."*[19]

Immer, wenn die Druckerzeugnisse in die Wohnung der Kiks kamen, wurde es sehr eng. Überall stapelten sie sich in den Zimmern, in denen ohnehin wenig Platz für die große Familie vorhanden war. Wofür heute ein Büro angemietet wird, das vollzog sich in einem Wohnbereich, in dem jedes Glied der Familie zum Mithelfen miteinbezogen wurde.[20]

1997 schreibt der Sohn Reiner: *„Nachdem die Probleme mit der Klischieranstalt* (sic) *und der Druckerei erledigt waren, saßen wir am Wohnzimmertisch. Ma schrieb aus der Kartei von Hand die Adressen, und ich versuchte diese Kuverts so schnell wie möglich zu füllen. Danach folgte eine Spendenflut, die dann von Ma und Pa sorgsam mit Dankschreiben beantwortet wurden."*[21]

Die Karteikarten mit den Adressen sind inzwischen leider verloren gegangen, doch aus dem 1965 veröffentlichen Buch über die Freundeskreise lässt sich einiges erschließen. Auch der 8. Rundbrief vom 1. November führt die Anzahl der Rundbrief-Exemplare und Tätigkeiten Kiks auf.[22]

Im Mai 1947 wird die 20. Folge der BLS an 600 Personen verschickt, im März 1938 waren es ebenfalls 600 Briefe.

Im August 1947 erhalten 300 Adressaten einen achtseitigen Rundbrief, der von der Amerikanischen Militärregierung genehmigt werden musste. Mit dem Jahr 1947 beginnt offiziell der 1. Rundbrief für den Freundeskreis von Albert Schweitzer. Es dauert fast fünf Jahre, bis 1952 der zweite zum 77. Geburtstag von Schweitzer folgt. Gedruckt wurden 1.000 Exemplare. Der lange Zeitraum erklärt sich durch Kiks berufliche Neuorientierung. Vom 3. Rundbrief werden 2.000 Exemplare gedruckt, die zum 14. Januar 1953 erscheinen. Der 8. Rundbrief vom 1. November 1955 hat eine Auflage von 5.000. 1958 steigert sich diese auf 12.000, sinkt in den 60er Jahren ab und pendelt sich bei 7.000 bis 8.000 ein.[23]

In den Jahren 1955, 1958, 1960, 1961, 1962, 1964, 1965, 1966 bringt Kik sogar zwei Rundbriefe heraus, im Schnitt mit fast 80 Seiten. Die Edition der Rundbriefe war mehr als nur ein „Nebenamt", das er sich auf Schweitzers Empfehlung zugelegt hatte, es war konzentrierte Fleißarbeit über Jahre hinaus.

Zudem sind an die 500 Vorträge zu nennen, die Richard Kik gehalten hat.[24]

„Mein Vater war ein Schreibtisch- und Vortragsmensch", so die Tochter Lotte, bei einem Telefonat (13. Februar 2019).

Seine Vorträge hielt Kik stets frei. *„Er soll einmal gesagt haben, wer nicht frei reden kann, der solle daheim bleiben"*, schreibt der Sohn Reiner 1997.[25]

Kik sprach nicht nur über die oben genannten Persönlichkeiten aus Philosophie und Pädagogik, sondern auch über die Farbenlehre von Goethe. Da er viel und farbig fotografierte, lautete ein Vortrag: „Ist Farbphotographie Kitsch?"

Der Schulrektor verstand es, seine Zuhörer in den Bann zu ziehen, da er lebendig, zuweilen humorvoll vortragen konnte. In späteren Jahren, ab seinem ersten Besuch 1956 in Lambarene, berichtete er vorwiegend über Albert Schweitzer.

Von einem bewegenden Vortrag in Stuttgart, in dem er über seine Eindrücke im Urwaldspital und seine Begegnung mit dem 81-jährigen Albert Schweitzer sprach, möchte ich aus der Stuttgarter Zeitung vom 19. Oktober 1956 zitieren: *„Was an diesem Vortragsabend wohl das Besondere und menschlich packende war, das durfte die Persönlichkeit des Vortragenden und seine Erzählweise gewesen sein, die durch die sprudelnde Frische und Natürlichkeit durch das Fluidum des persönlichen Kontaktes mit dem Urwalddoktor jeden Zuhörer in den Bannkreis dieses tätigen Christen zwang.“*[26]

Diese Rezension mag für viele stehen.

Doch neben Vorträgen, Aufsätzen, Artikeln für Zeitungen und privaten Schreiben sind Kiks Anthologien zu nennen: Kleinformatige Bücher mit Zitaten von Schweitzer, im Hyperion-Verlag erschienen. Die Titel: „Im Banne der Musik“; „Vom Licht in uns“; „Kein Sonnenstrahl geht verloren“; „Von Mensch zu Mensch“. Ferner schrieb er über Pestalozzi – „Laßt uns unseren Kindern leben“ und ergänzte das Albert Schweitzer-Buch von Helene Christaller.

Bevor ich mit einer persönlichen Würdigung abschließe, möchte ich zunächst Albert Schweitzer und anschließend seine Tochter Rhena zu Wort kommen lassen.

Brief von Albert Schweitzer vom 8. März 1954:

„Lieber Freund!
Ich danke Dir von Herzen für den so lieben Brief zum 78. Geburtstag vom 8. Jan. 1953. Manchmal frage ich mich, wie es zuging, daß Du in mein Leben eintratst und mir solch ein Freund und solch eine Hilfe wurdest! Ich kanns nicht verstehen, was hab ich doch eine Unruhe in Dein Dasein gebracht! Wie schön könnte es der Herr Rektor haben, wenn er nur der Herr Rektor wäre und diesen Albert Schweitzer nicht hätte, für den er Briefe schreiben muß, Vorträge halten, Reisen machen ... und was der gleichen Dinge mehr sind, von allen möglichen Aufträgen nicht zu reden. Aber so ist es halt: Wie man sich bettet, so liegt man, Du Armer! ... Mit lieben Gedanken an Dich und die Deinen Dein
gez. Albert Schweitzer“[27]

Und ein Beileidsschreiben von Rhena vom 5. März 1970:

Liebe Mine,
beiliegend mein kleiner Beitrag zu dem ersten Rundbrief, den Sie in der Nachfolge Ihres Mannes herausgeben werden. Ich bin Ihnen von Herzen dankbar, daß Sie sein Werk erhalten wollen und diesen Rundbrief, der so vielen Menschen so viel bedeutet weiterführen werden.
Ihr Mann hat mit seiner langjährigen Aufbauarbeit dem Werk meines Vaters unermeßliche Dienste geleistet und seinem Freund über den Tod hinaus bis zu seinem eigenen Ende die Treue gehalten. Dies wird nicht vergessen werden und sein Andenken wird mit dem meines Vaters unlöslich verbunden weiterleben. ...
Ihre Rhena Eckert-Schweitzer.[28]

Aus beiden Briefen spricht eine große Wertschätzung und Dankbarkeit, die die Schweitzer-Familie für Richard Kik empfand.

Worin bestanden die Gemeinsamkeiten zwischen Albert Schweitzer und Richard Kik?

Es war ihre Liebe und Selbstlosigkeit im Einsatz für die schwächeren, der Hilfe bedürftigen Menschen. Dabei stellten sie hohe Ansprüche an sich, überforderten sich, beachteten selten die eigenen Grenzen. Auch wenn sie Befriedigung aus ihrem Tun erfuhren, so war es keine Selbstverwirklichung, die aus dem Geiste des Egoismus entsprang, sondern Hingabe an das Leben, ja Aufopferung für Menschen, die der Hilfe bedurften.

Beide verband ein unverwüstlicher Humor, der ihnen half, ihre Aufgaben unbeirrt, auch bei Anfeindungen, weiterzuführen. Mit ihrem zuverlässigen, engagierten Eintreten für alles Schwache lebten sie die Ethik der Ehrfurcht vor dem Leben. Beide würden heute als Workaholics bezeichnet werden, denn in unserer Zeit höre ich immer häufiger: Du musst lernen, Aufgaben abzugeben, kürzer treten, Freiräume schaffen.

Danke euch beiden, ihr seid mir nach wie vor ein Vorbild![29]

1) *So auch Manfred Hänisch, s. Rundbrief (Rdbr.) 89, Nov. 1999, S. 5.*
2) *Vgl. Rdbr. 89: Rhena Schweitzer-Miller und Ausspruch von Tochter Lotte.*
3) *Vgl. Hänisch, Rdbr. 89, S. 4.*
4) *Sein Hauptwerk: Der Untergang des Abendlandes.*
5) *Leiter der Heil- und Pflegeanstalt in Bethel bei Bielefeld.*
6) *Schul- und Sozialreformer.*
7) *Er bekam 1922 den Friedensnobelpreis.*
8) *Der durchschnittliche Monatslohn eines verheirateten Arbeiters mit zwei Kindern betrug zu jener Zeit nur 206,– Reichsmark und sank in den folgenden Jahren.*
9) *Vgl. hierzu Hänisch, Rdbr. 89, S. 6, der ausführlich die Veröffentlichungen auflistet.*
10) *Die Rdbr. 1 und 2 lagen mir nicht vor. Sie werden sicherlich wie Rdbr. 3 und 4 kein Bild von Schweitzer tragen.*
11) *Rdbr. 33, S. 2.*
12) *Rdbr. 33, S. 2.*
13) *Rdbr. 33, S. 5.*
14) *Rdbr. 27, S. 1.*
15) *Rdbr. 28, S. 77.*
16) *Rdbr. 32, S. 76.*
17) *Vgl. auch die Vorträge, die Schweitzer in Frankfurt über Goethe hielt.*
18) *Rdbr. 5 vom 1. Juni 1954.*
19) *Rdbr. 21, S. 69.*
20) *Aussage der Tochter Lotte bei einem Telefonat im Februar 2019.*
21) *Über Ma und Pa ... geschrieben von Reiner Kik 1997, Text im Archiv des DHV.*
22) *S. Richard Kik: Lambarene, Freundeskreis, 1930–1957, Heidenheim 1965.*
23) *S. Roland Wolf: Albert Schweitzers Erben, Beiträge zur Albert-Schweitzer-Forschung, Band 12, LIT Verlag Dr. W. Hopf, Berlin 2018, S. 84.*
24) *Vgl. Manfred Hänisch, Rdbr. 89, S. 4.*
25) *Über Ma und Pa, 1997, S. 3.*
26) *Zitiert aus Ma und Pa, 1997, S. 3.*
27) *Rdbr. 4, 14. Jan. 1954, Brief vom 8. März 1954, S. 6.*
28) *Rdbr. 33, 10. Oktober 1970, Brief vom 3. März 1970, S. 5.*
29) *Meinen Dank möchte ich allen Angehörigen der Kik-Familie aussprechen, die das Tun von Richard Kik unterstützt haben.*

Warum Albert Schweitzer heute?

Vor dem Haus seines Bruders Paul, um 1955

EUGEN DREWERMANN

Warum Albert Schweitzer heute?

Albert Schweitzer war zu seiner Zeit ein bedeutender Theologe („Die Geschichte der Leben-Jesu-Forschung"), ein berühmter Bach-Interpret und als Arzt in Lambarene für viele beispielgebend als Leitgestalt gelebter Menschlichkeit; vor allem aber war er ehrlich und authentisch, und so ist er bleibend gegenwärtig in allem, was er war und tat und sagte.

Jenseits der Dogmen und der Vorurteile, der glaubensfrommen wie glaubensfeindlichen, ging Schweitzer auf die Suche nach der Person und Botschaft Jesu, und was er fand, wurde für ihn verbindlich für sein ganzes Leben: wieder steht Jesus am Ufer des Sees von Gennesareth und spricht zu uns, wie damals zu den Jüngern: *„Du aber folge mir nach."*

Der Nebel der historisierenden Hypothesen verfliegt im Lichte einer ethischen Evidenz: nicht abzuwarten ist das Kommen eines Gottesreiches auf Erden, zu tuen ist, was Jesus tat, als er die Kranken heilte, als er die Trauernden zu trösten suchte, als er die Ausgestoßenen um sich versammelte und für sie eintrat, bis er selbst dafür zum Tod verurteilt wurde. So wurde Albert Schweitzer Arzt in Lambarene; das Studium der Medizin wurde zu einem Hilfsmittel, Gott quer durch all die Grenzziehungen der Rassen und der Klassen im Kolonialismus und Kapitalismus der Zeit, helfend und heilend den Menschen erfahrbar zu machen.

Die Bach-Konzerte, die er gab, waren nicht bloße Intermezzi einer ästhetischen Erbauung, sie waren Ausdrucksformen einer Gläubigkeit, die

---

Eugen Drewermann, geb. 1940 in Berkamen, Dr. theol., ist Theologe, Psychoanalytiker und Preisträger des 1. Internationalen Albert-Schweitzer-Preises. Seit dem Entzug seiner Lehrerlaubnis und Suspension vom Priesteramt arbeitet er als Therapeut und Schriftsteller. Er ist Autor von mehr als 100 Büchern, von denen viele in 15 Sprachen übersetzt wurden. Er ist ein sehr gefragter Redner, der Säle füllt. Eugen Drewermann fasziniert durch immenses Wissen, seine immer frei gehaltenen Reden, deren Gedanken nicht nur sehr anregend sind, sondern auch heilend und befreiend wirken.

sich zum Tun als Urwaldarzt verhält wie eine in Musik verströmende Motivation. *„Wes der Mund voll ist, der redet“*, hatte Luther übersetzt. *„Wes das Herz voll ist, der handelt“*, müsste man Albert Schweitzers Sein und Überzeugung wiedergeben. Sein Herz war mitfühlend mit allem Leid der Welt.

Und diese Einstellung galt allen Kreaturen: den Tieren wie den Menschen. Zu schützen und zu fördern, was als Reifen zu sich selber sich vollenden möchte, und zu hindern oder wenigstens zu lindern, was schmerzhaft hemmend dem entgegensteht, – das war für Schweitzer Auftrag an uns alle, Menschlichkeit zu leben.

Also: Nein zur Bedrohung der gesamten Welt in den Planspielen eines möglichen Atomkrieges, Nein zur Bereitschaft, Sicherheit in Aufrüstung und Angstverbreitung anzustreben, Nein zu dem Selbstbetrug, das Gleichgewicht des Schreckens als eine Politik des Friedens auszugeben; doch Ja zu allem, was die Pein fühlender Wesen auf dieser Erde einschränkt.

Was Schweitzer heute uns bedeutet? Wir hätten, hörten wir auf ihn, nicht Millionen Menschen, die vor Hunger und vor Bombenterror auf der Flucht sind zu einem Ort, an dem sie leben könnten, nur um als „Illegale“ an den Außengrenzen im Süden Europas mit militärischen Mitteln in ihr Elend zurück gedrückt zu werden; wir hätten, mit dem Blick auf ihn, die Perspektive unserer Projekte im Privaten wie Politischen längst um 180 Grad in die Gegenrichtung gedreht: von Machtgier hin zu Menschlichkeit, vom Größenrausch entgrenzter grausamer Gewalt zu einer grenzenlosen Güte, die nicht herrschen, sondern helfen möchte, von der Ausbeutung und Versklavung von Natur und Mensch hin zu dem Wunsch, dieses Geschenk des Lebens mit allem, was da lebt, zu teilen; wir hätten, ließen wir den Klang der Orgel unter seinen Händen in uns schwingen, den Mut und die Entschlossenheit, anders zu sein, zu handeln und zu denken, als wir's wohl immer noch zu häufig tun. Wir hätten eine andere Welt. Und Jesus hätte recht: Das Himmelreich wäre nahe.

CLAUS GÜNZLER

Zur Aktualität Albert Schweitzers

In der ethischen Debatte der Gegenwart findet Albert Schweitzer zunehmend Beachtung, jedoch bei weitem nicht in der fachlichen Breite, die seinem Denken angemessen wäre. Dies liegt daran, dass sein ethisches Prinzip der „Hingebung an Leben aus Ehrfurcht vor dem Leben“ nicht selten als losgelöste Formel rezipiert wird, also ohne Rückbindung an den vielschichtigen Begründungsrahmen, aus dem es hervorgeht.

Eine solche Reduktion auf das Leitprinzip signalisiert zwar eine unmittelbare Bedeutung von Schweitzers Ethik für die Bio-, Medizin- und Tierschutzethik, für Ökologie, Umwelterziehung und viele benachbarte Fragenkreise, aber sie vernachlässigt zugleich das ebenso wichtige Vorfeld der normativen Richtlinie und hier vor allem die Frage nach der motivationalen Potenz der Ethik für das Alltagsleben des Einzelnen.

Nichts wäre für Schweitzer schmerzlicher gewesen als eine solche plakative Verkürzung seines Denkens zu Lasten gerade derjenigen Argumente, von denen er sich eine alltagspraktische Effizienz der Ethik erhoffte: Seine Ethik der *„Verantwortung gegen alles, was lebt“* basiert wesentlich auf dem persönlichen Leben und Erleben jedes Einzelnen, auf der jedem Menschen verliehenen Fähigkeit zu Mitfreude und Mitleid, zu Fürsorge, Hilfsbereitschaft und Solidarität. Deswegen dürfen diese „natürlichen Quellen der Sittlichkeit“ für Schweitzer nicht durch rationalistische Entwürfe à la Kant blockiert werden.

Ohne Frage hat ihn dieses Plädoyer für die Gefühle als Triebkräfte der Sittlichkeit zu Beginn des 20. Jahrhunderts zum akademischen Außenseiter abgestempelt, doch heute rückt ihn die Aufwertung der Gefühle zur

---

Claus Günzler, Dr. phil., em. Professor für Philosophie an der Pädagogischen Hochschule Karlsruhe. Mitherausgeber der Edition „Albert Schweitzer: Werke aus dem Nachlaß“, zahlreiche Publikationen zum Denken A. Schweitzers. 1988–1997 Vorsitzender des Deutschen Hilfsvereins für das Albert-Schweitzer-Spital in Lambarene e. V., danach bis 2006 Vorsitzender des Vorstands der Stiftung Deutsches Albert-Schweitzer-Zentrum.

Prämisse einer wirkkräftigen Vernunft ins Zentrum der aktuellen ethischen Debatte, und zwar vor allem dort, wo es um die dramatisch wachsende Spannung zwischen Individuum und Gesellschaft geht. Diese Aktualität möchte ich exemplarisch an zwei Problemkreisen verdeutlichen:

1. Heute zweifelt kein Philosoph mehr daran, dass jedes abstrakte Sollen ohne die Symbiose mit dem individuellen Wollen wirkungslos bleibt, und in genau diesem Punkt erweist sich Schweitzer als ein markanter Vorläufer der Gegenwartsethik. Nur eine Ethik, die an die elementaren Gefühle anknüpft, kann für ihn Motivationskraft gewinnen; allerdings muss sie die Gefühle auch stets im Denken prüfen und rechtfertigen, damit letztlich im Zusammenspiel von Gefühl und Denken ein persönlicher Kompass entstehen kann.

   Und als hätte er vor 100 Jahren die mediale Imprägnierung des heutigen Lebens bereits geahnt, kritisiert er immer wieder die *„Ehrfurcht vor den Meinungen der Kollektivitäten“*, verweist den Einzelnen auf *„die Tatsachen des alltäglichen Lebens“* und ermutigt ihn, sich als *„ethische Persönlichkeit“* gegen den Strom der Kollektivpersönlichkeiten zu behaupten.

   Vom Sog virtueller Scheinwelten ging eben immer schon eine Bedrohung der ethischen Reflexion aus, vormals von kriegslüsternen Ideologien, heute von einem regellosen Internet mit seiner Social Media Kultur, die dem argumentativen Diskursteilnehmer kaum noch Spielraum lässt und zunehmend den emotionalen Sofortklicker begünstigt. Ob hier der blinde Jubel oder Wut und Hass inszeniert werden, der Respekt vor dem Individuum wird digital ausgehebelt. Schweitzer wusste, dass Ethik das freie Nachdenken jeder einzelnen Person voraussetzt, und gewinnt damit höchste Aktualität als aufklärerischer Verfechter der Freiheitsrechte angesichts der kollektiven Euphorie rund um den digitalen Fortschritt.

2. Es verwundert nicht, dass Schweitzer aus seinem Respekt vor dem mündigen Subjekt heraus alle Regel-, Wert- und Tugendsysteme, die dem Einzelnen von außen vorgegeben werden, als *„supraindividuell"* ablehnt und von Ethik nur dann zu sprechen bereit ist, wenn der Einzelne aus einem *„Prinzip, das er in sich selber findet"* handelt. Was überrascht, ist allerdings die Tatsache, dass Schweitzer von seinem radikal individualethischen Ansatz zu einer Ethik der *„Verantwortung gegen alles, was lebt"* gelangt, also ein Modell der sozialen Verantwortung entwirft, das weit über die menschliche Artgrenze hinausreicht.

Für ihn selbst ist dies – und darin scheint mir ein weiterer aktueller Beitrag zur heutigen Ethikdebatte zu liegen – eine zwingende Folge des Denkens, das, sofern es echt ist, *„der Wahrhaftigkeit gegen mich selbst"* verpflichtet ist. Diese schließt die innere Nötigung ein, Lebensansprüche, die ich für mich selbst erhebe, analog auch allen anderen Lebewesen zuzubilligen, das heißt, über die menschliche Artgrenze hinaus werden auch Tiere und Pflanzen ethisch zu berücksichtigende Subjekte.

Schweitzers Ethik der Ehrfurcht vor dem Leben erscheint kühn und waghalsig, doch angesichts der Tatsache, dass die geltende Moral dem hohen Fortschrittstempo stets hinterherhinkt, gewinnt eine allgemeine Richtlinie existenzielle Bedeutung, zumal dann, wenn sie im mündigen Einzelnen verwurzelt ist und ihm als innere Orientierung helfen kann, seinen Weg in einer unübersichtlichen Welt zu finden. Schweitzers eigenwillige Verflechtung von Individualethik und Sozialethik ist noch keineswegs hinlänglich erörtert worden und verdient eine differenzierte Auseinandersetzung im Horizont der heute dominierenden Menschheitsfragen.

FRITZ VON GUNTEN

Warum Albert Schweitzer heute?

Auf die Anfrage von Dr. Einhard Weber, der zum Abschluss seiner zwölfjährigen Zeit als Vorsitzender des DHV auf die Frage „Warum Albert Schweitzer heute?" Antworten für seinen Rundbrief 2019 wünscht, teile ich gerne meine Ansicht mit. Zum einen, weil ich mit Einhard Weber in vielen interessanten Begegnungen und Gesprächen über Leben und Wirken von Albert Schweitzer philosophiert und diskutiert habe und ihm mit meinen Zeilen auch herzlich danken will für sein großes Engagement, Werk und Gedankengut von Albert Schweitzer in der heutigen Zeit verbreitet zu haben. Zum anderen, weil ich mich als Präsident des Schweizer Hilfsvereins, der 2019 auf 70 Jahre Tätigkeit zurückblicken kann, mit dieser Frage auch intensiv beschäftige.

„Warum Albert Schweitzer heute?" – eine sehr berechtigte Frage, weil immer weniger Menschen noch wissen, wer Albert Schweitzer war. Wäre Albert Schweitzer ausschließlich als Mediziner nach Afrika gereist, wäre wohl sein Wirken längst in Vergessenheit geraten. Schweitzers Werk umfasst wesentlich mehr. Sein Wirken als Musiker und Orgelspezialist wirkt immer noch nach. Sein Werk über Johann Sebastian Bach gilt immer noch als Basiswerk für eingeweihte Kreise – auch 100 Jahre nach seiner Entstehung.

Aber da ist glücklicherweise auch noch seine Ethik der „Ehrfurcht vor dem Leben", und die ist aktueller denn je! Nach 125 Ausgaben der „Berichte aus Lambarene" hat der Schweizer Hilfsverein für das Albert-Schweitzer-Spital (SHV) erst gerade, im Oktober 2018, den Titel seiner Informationsschrift, die jährlich zweimal an je über 100.000 Adressen schweizweit versandt wird, bewusst umgetauft in „Ehrfurcht vor dem Leben – Albert Schweitzer – sein Werk und Gedankengut". Die Reaktionen vieler Leserinnen und Leser, die gleichsam auch Gönnerinnen und Gönner für unsere

---

Fritz von Gunten, Präsident Schweizer Hilfsverein für das Albert-Schweitzer-Spital in Lambarene; Autor vom Buch „366 Tage aus dem Leben von Albert Schweitzer" – www.fritzvongunten.ch

Projekte sind, waren durchwegs positiv. An Hand von zahlreichen Veröffentlichungen hat der SVH in den letzten Jahren großen Wert darauf gelegt, darzulegen, was „Ehrfurcht vor dem Leben“ heute bedeutet. Wir wollen und müssen Jugendlichen, den Verantwortlichen von Morgen, aufzeigen, was Schweitzer vor über 100 Jahren Großes und Zeitloses festgehalten hat.

„Ehrfurcht vor dem Leben“ heißt heute und wird auch morgen bedeuten: Sich ernsthaft mit der Schöpfung, mit unserer Mit- und Umwelt zu beschäftigen. So etwa im Bereich Lebensmittelverschwendung oder zu gut Deutsch „Food-Waste“. Wenn über 30 Prozent der produzierten Lebensmittel weggeworfen werden, darf und muss nicht geschwiegen werden. Denn immer noch ist Hunger in der Welt ein ungelöstes Problem.

Verunreinigtes Wasser oder die x-Tonnagen Plastik in den Weltmeeren, die Fisch und Mensch bedrohen, sind ein Problem, das wir - ich und du - verursachen. Wenn wir Schweitzers Devise *„Ich bin Leben, das leben will, inmitten von Leben, das leben will“* ernster nähmen, könnten wir konkrete Verbesserungen erwirken. Schweitzer war ein Mann der Tat, auch wenn er viele Worte geschrieben hat. Nehmen wir uns in der virtuellen Sekunden-Gesellschaft diese Tugend wieder mehr zu Herzen. *„Taten statt Worte“.*

Ich könnte die Liste von Untugenden unserer Zeit x-beliebig verlängern, Littering, Mobbing, Insektensterben, um nur drei weitere Stichworte ungelöster, bedrohlicher Probleme zu nennen.

Ich habe es erwähnt, der SHV darf 2019 auf 70 Jahre Tätigkeit zurückblicken. Dabei kommt eine weitere Stärke Schweitzers zum Vorschein. Er hat sich lange zur Wehr gesetzt, die Unterstützung für seine Arbeit durch statutarische Regelungen zu „verordnen“. Er musste sich schließlich juristischen und steuerrechtlichen Vorgaben beugen. Und so wurde 1949 der SHV gegründet. Schweitzer plädierte immer: Hilfe für Notleidende darf nicht verordnet werden, solche Hilfe muss aus innerer Überzeugung erfolgen. So wurde der SHV mit „schlanken“ Strukturen gegründet und zählt noch heute bloß 25 statutarische Mitglieder, darf aber auf über 40.000 regelmäßige Spenderinnen und Spender zählen. Das ist für uns der klare Beweis, dass „Ehrfrucht vor dem Leben“ sehr viel mit „Wertschätzung“ zu tun hat.„Wertschätzung“ ist denn auch das Motto für unser 70 Jahr-Jubiläum, aber noch viel mehr unsere Devise für die Zukunft.

WOLF KALIPP

Warum Albert Schweitzer heute?

Albert Schweitzer vermittelt im Rahmen seiner Kulturethik in liberaler Freiheit, aber stringenter pädagogischer Konsequenz hoch aktuelle Schulungswege für den Menschen im 21. Jahrhundert zu selbstbewusster, lebensvoller Personwerdung – gegen alle drohenden Gefahren der Verflachung und Zerstörung des Menschenbildes.

Der *Grand Docteur* hat in diesem Zusammenhang permanent auf die formbildenden Kräfte hingewiesen, die z. B. der Musik *Johann Sebastian Bachs* innewohnen. Die hier angesprochenen formprägenden Kräfte können gewinnbringend dienstbar gemacht werden durch *rechtes Nachdenken, Hören, Handeln.* Durch rechte Rezeption, Verarbeitung, Interpretation kann der Mensch, der sich Bach ergibt, Anteil haben an der vollen „Werdegestalt", die ihm zur Verwirklichung in seinem Leben aufgegeben ist. Ein Erspüren also der inneren Stimme in uns, die dem individuellen Leben verpflichtet ist. Insbesondere *die Orgel und ihre Kultur* sind Schweitzers Medium für ethisch-ästhetische Erziehung. Daher ragt seine *Ethik der Ehrfurcht vor dem Leben* in sein *Gesamtkonzept Orgel* hinein. Hier gewinnt ein eigener Kosmos im Rahmen von Leben-Jesu-Forschung und kulturphilosophischen Fragestellungen Gestalt.

Mit Recht ist für Albert Schweitzer die *Wahrhaftigkeit* Grundlage seiner Ethik – ebenso kämpfte *Immanuel Kant* gegen die Lüge, vor allem die Selbstbelügung. Selbst Verbrechen sind ja oft mit einem erstaunlich geringen Un-

---

Dr. Wolf Kalipp, Jahrgang 1951, Studium der Schulmusik, Musikwissenschaft, Altphilologie, Philosophie und Pädagogik an den Universitäten bzw. Musikhochschulen Köln und Münster (Promotion über ein orgelwissenschaftliches Thema). Leitung kommunaler Musikschulen, Lektor und Redakteur eines großen deutschen Musikverlages, künstlerische Tätigkeit als Pianist, Organist, Oratorien- und Orchesterdirigent. Vortragstätigkeit und Workshops, insbesondere über Albert Schweitzer. Aufsätze in deutschen und französischen Fachzeitschriften und öffentliche Lesungen (Literatur, Dichtung mit Klavier- und Orgelmusik). Seit 1999 Dozent für Musikdidaktik an der Hochschule für Musik, Theater und Medien Hannover.

rechtsbewusstsein verbunden. In den Worten des deutschen Schriftstellers und Humoristikers *Eugen Roth* heißt das:

„Ein Mensch, der spürt, wenn auch verschwommen,
er müsse sich, genau genommen, im Grunde seines Herzens schämen,
zieht vor, es nicht genau zu nehmen."

Dieser Mangel an Wahrhaftigkeit, an sensibler Empathie und wacher Aufmerksamkeit droht tödlich zu werden in einer Weltgesellschaft, die einerseits zu ihrer Fortexistenz auf ein klares und ungeschöntes Bewusstsein der Spätfolgen der eigenen Praxis angewiesen ist, andererseits so viele Ablenkungen anpreist wie unsere, so viele Chancen zur Flucht vor dem, worauf es wirklich ankommt. Das zeigt ein Blick auf die politischen Konsequenzen aus Schweitzers *Ethik der Ehrfurcht vor dem Leben*: Selbstverständlich können und sollen möglichst viele Einzelne und Gruppen diese Ethik in ihrer jeweiligen Umgebung praktizieren, aber Schweitzer hat mit seinem Kampf gegen Atomrüstung gezeigt, dass es darüber hinaus auf die Gestaltung der Weltpolitik ankommt, heute und in Zukunft also auf eine nachhaltige, weltweit lebensdienliche Entwicklung, auf die Förderung von Gerechtigkeit, Frieden und Bewahrung der Schöpfung.

Obwohl er trotz Ausbildung und Wirken als lutherischer Theologe sich stets einem überkonfessionellen, liberalen Denken und Handeln verpflichtet sah, hat er doch ein Leben lang *Martin Luthers* Grundsatz aus dessen Schrift „Von der Freiheit eines Christenmenschen" (1520) in paulinischer Konsequenz gelebt:

„Ein Christenmensch ist ein freier Herr über alle Dinge
und niemand untertan.
Ein Christenmensch ist ein dienstbarer Knecht aller Dinge
und jedermann untertan."

Dieses Motto ist für uns alle, so meine ich, noch immer höchst aktuell, wenn nicht sogar verpflichtend.

Im „Wort an die Menschen", seinem Ethischen Testament von 1964, sagt Schweitzer: *„Mögen sie das wunderbare Wort des Apostel Paulus beherzigen: ‚Soviel an euch liegt, habt mit allen Menschen Frieden!'* [Röm.12,18]. *Es gilt nicht nur den einzelnen, sondern auch den Völkern. Mögen sie im Bemühen um die Erhaltung des Friedens miteinander bis an die äußerste Grenze des Möglichen gehen, damit dem Geiste der Menschlichkeit und der Ehrfurcht vor allem Leben zum Erstarken und zum Wirken Zeit gegeben werde."*

Rationalismus und Idealismus vereinen sich in der Persönlichkeit Schweitzers zu einem Vorbild, das sowohl im Diesseits tatkräftig steht als auch in der Wahrnehmung einer stets immanenten Transzendenz in unmittelbarer Forderung nach dem Humanum lebt. Albert Schweitzer legt daher - nach wie vor - kulturelle Kernkräfte für den Menschen der Zukunft frei.

HARALD KEGLER

Schweitzer als Backup

Zwar bestimmt der Mensch die Geschichte, schrieb Zygmund Bauman, sich auf Marx beziehend, die Bedingungen hingegen, unter denen er dies vollziehe, könne sich die Menschheit aber nicht aussuchen. (Bauman 2017, S. 29) Wenn dem so ist, und vieles spricht dafür, dann gewinnt zwar der kategorische Imperativ der „Ehrfurcht vor dem Leben" von Albert Schweitzer eine zentrale Rolle in jener Ausgestaltung des Daseins der Menschheit auf diesem Planeten, doch genügt dies angesichts der sich rasant verändernden Rahmenbedingungen menschlicher Existenz im globalen Maßstab nicht. Wenn zum ersten Mal in der Geschichte der Mensch die globalen Rahmenbedingungen seines Lebens setzt und damit den Folgen eigenen Tuns ausgesetzt sein wird – gemeint ist der Klimawandel, der in zunehmendem Maße menschengemacht ist. Da jedoch dieser heute spürbare Klimawandel nicht durch die heute lebenden Menschen verursacht (sondern „nur" verstärkt) wurde, kann heutiges Handeln kaum noch Einfluss auf die jetzigen Rahmenbedingungen der menschlichen Gesellschaft haben. Das ist eine ziemlich aussichtslose Situation. Da scheint es kaum hilfreich zu sein, an die Vernunft oder an moralisches Verhalten zu appellieren, bedeutet dies doch, nur wenig Änderung eines laufenden Prozesses zu bewirken. Sicher kann heute viel getan werden, um in Zukunft die Verhältnisse nicht schlimmer werden zu lassen – Stichwort Mitigation (also z. B. Ausstieg aus der Braun-

---

Harald Kegler, geb. 1957 in Aschersleben, Studium der Stadtplanung an der Hochschule für Architektur & Bauwesen Weimar, Promotion und Habilitation zu Themen der Stadtplanungsgeschichte an der Bauhaus-Universität Weimar. Tätigkeiten: zwischen 1987 und 1999 Abteilungsleiter und stellvertretender Direktor an der Stiftung Bauhaus Dessau, von 1999 bis 2001 Gastprofessor an der University of Miami/USA, seit 2000 Inhaber des Büros für Regionalplanung, von 2008 bis 2012 Lehre und Vertretungsprofessur an der Bauhaus-Universität Weimar, seit 2013 an der Universität Kassel: apl. Professor für Planungsgeschichte und nachhaltige Raumplanung, seit 2009 Mitglied des Beirates der Albert-Schweitzer-Stiftung Weimar (Albert-Schweitzer-Gedenk- und Begegnungsstätte).

kohleverstromung). Doch nutzt dies der heutigen Generation kaum bei der Auseinandersetzung mit den Folgen des Klimawandels, die heute erlebbar werden, aber auf die Lebensweise der Menschen in den Industrienationen der nördlichen Hemisphäre, spätestens seit dem 20. Jahrhundert, also dem Anthropozän, zurückgehen. (vgl. Kegler 2016)

Die Menschheit ist also auf sich zurückgeworfen. Sie muss einen Übergang in eine überlebensfähige Zukunft gestalten. Das bedeutet eine Auseinandersetzung mit den Konflikten, die sich aus den klimatischen Wandlungen ergeben, aber auch aus den Versuchen von Menschengruppen, Nationen oder Interessengruppen, ihre *„Geschichte zu machen"*. Das sind asynchrone Vorgänge, die meist auch nicht miteinander verknüpfbar sind, entspringen sie doch ganz unterschiedlichen Sichten auf die Welt, auf die eigenen Möglichkeiten, *„Geschichte zu gestalten"*, auch unabhängig von den Rahmenbedingungen. Das sieht nach Auflösung von Verhältnissen, von Beziehungen und gemeinsamen Werten aus. Ein Blick auf tagespolitische Ereignisse weltweit gibt diesem Eindruck recht. Die Menschheit scheint überfordert zu sein mit dem Eintritt in diese historisch einzigartige Situation, die so viel Ungewisses birgt und kaum ein „Rezept" steht parat, das Lösungen verspricht. Da ist der Rückgriff auf alte „Rezepte" nachvollziehbar, mögen sie noch so unpassend erscheinen – der Nationalismus ist eines solcher „Rezepte". Was aber kann aus dieser etwas scherenschnittartigen Analyse gefolgert werden?

Das Ziel menschlicher Gesellschaftsentwicklung ist auf dem Wege ein anderes zu werden: Keine Glückverheißungen mehr, keine Paradiesversprechen mehr, keine Idealisierungen von Zukunftsvorstellungen mehr ... so traurig könnte man die Situation beschreiben, die auf dem „Markt der Zukunftsvorstellungen" herrscht: *„There is no alternative"* verkünden die Anhänger neoliberaler Fortschrittsgläubiger; bis zum Untergang, könnte man hinzufügen. Doch, wenn es ein Bewusstwerden der Lage gibt, in der sich die Menschheit befindet, nämlich am Kipppunkt der Vorstellungen für die Gestaltung der eigenen Zukunft unter den menschengechten Bedingungen, dann bedeutet dies, eine vollkommen neue Agenda für menschliches Handeln. Es birgt das Risiko des Versagens und damit des Endes menschlicher Gesellschaft. Es kann aber auch als eine Möglichkeit gesehen werden, sich diese Situation zu vergegenwärtigen und daraus ganz neue Schlüsse zu ziehen, die heute noch gar nicht denkbar erscheinen. Diese Möglichkeit sollte – solange nicht das Gegenteil eingetreten ist – in Erwägung gezogen werden (was spräche dagegen?).

Wie kann nun ein solcher Prozess des Entwickelns einer neuen Vorstellung von gesellschaftlicher Entwicklung in die Zukunft hinein angelegt werden? Er bedarf der Bestimmung von Ausgangspositionen. Die erste haben wir hier genannt (es sind zunehmend menschengemachte und nicht außerirdische Verhältnisse, die unsere Möglichkeiten für ein lebenswertes Dasein maßgeblich bestimmen). Auf dieser Grundlage gilt es nun, Konzepte reifen zu lassen, die angemessen für eine solche Gestaltung der Lebensumwelt sein können. Dies benötigt aber selbst zu setzende Rahmen, um nicht in die Falle des Rückgriffs auf abgelegte Konzepte (siehe Nationalismus) zu tappen, die eben nicht für die historisch neue Lage angemessen erscheinen können. Es stehen nun zwei Fluchtpunkte für einen solchen Rahmen gegenwärtig zur Verfügung, so die Auffassung des Autors: die Idee der „Resilienz“ und die Idee der „Ehrfurcht vor dem Leben“. Es sind dies zwei ganz unterschiedliche Fluchtpunkte, erwachsen zum einen aus der Naturwissenschaft und zum anderen aus dem Glauben. Wie eine existenzorientierte Ethik, erfordert die Transformation zu einer lebenswerten Zukunft auch ein großes Maß an gesellschaftlicher Resilienz, also Widerstands- und Lernfähigkeit für Selbsterneuerung. Beide gilt es in einen Zusammenhang zu stellen, um die Bedingungen zu formulieren, unter denen Konzepte entstehen können für die gesellschaftliche Perspektive aller Menschen. Die beiden Ideen wären dann, um ein Bild zu gebrauchen, zwei Seiten eines „Geländers", wie es der streitbare Philosoph Paul Feyerabend 1977 formulierte, *„das die Leute davor bewahrt, in einen Abgrund zu fallen, ohne deshalb irgendeinen ideologischen Druck auf sie auszuüben."* (Feyerabend 1977, S. 23) Resilienz und Ehrfurcht vor dem Leben wären die beiden Seiten des Geländers auf dem Weg in eine zu findende Zukunft.

Denn heute geht es tatsächlich um das Ganze, wenn die problematischen Erscheinungen klimatischer oder sozialer Art uns nicht täuschen. Um jedoch derartige Geländer zu finden, bedarf es auch der Versuche, bedarf es der Real-Experimente. Ein solches war (und ist zum Teil noch) in Lambarene, in Gabun, zu finden, also dem von Albert Schweitzer gegründeten Hospital. Hier kann ein Nachdenken über neue Konzepte für die menschliche Entwicklung unter den Bedingungen des Anthropozäns erneut beginnen – 100 Jahre nach der Gründung dieser Stätte ethisch-zivilisatorischer Imagination.

Literatur

- *Bauman, Zygmund (2017): Retrotopia, Berlin.*
- *Feyerabend, Paul, 1977: Unterwegs zu einer dadaistischen Erkenntnistheorie, in: Duerr, Hans Peter (Hrsg.): Unter dem Pflaster liegt der Strand, Kramer Verlag, Berlin, S. 9–88.*
- *Kegler, Harald, 2016: Eine Schwelle im Anthropozän: Vom Wachstum zur Resilienz, Anregungen für ein räumliches Lernprogramm zur resilienten Stadtgesellschaft aus historisch-strategischer Perspektive, in: Hahne, Ulf; Kegler, Harald (Hrsg.): Resilienz. Stadt und Region – Reallabore der resilienzorientierten Transformation. Peter Lang Verlag, Frankfurt/M., S. 19–60.*

HARTMUT KEGLER

Warum Albert Schweitzer heute?

„Alles was ich in der Welt und den Menschen zu sagen habe, ist in der Idee der Ehrfurcht vor dem Leben enthalten." Mit diesen Worten deutete Albert Schweitzer die umfassende Gültigkeit dieses Grundprinzips des Sittlichen an. Warum, so fragt sich jeder, der sich mit dieser Ethik befasst hat und von ihr erfasst ist, wird sie heute allenthalben übergangen. Christiane Engel äußerte kürzlich besorgt: *„Es ist eine Tragik, dass das Gedankengut meines Großvaters – jetzt, wo es so Not tut – kaum mehr Verbreitung und Beachtung findet. Ich mache mir auch große Sorgen um die Zukunft der Menschheit und unserer Umwelt."* Diese Sorgen teilen viele Menschen, nur diejenigen nicht, die für die Zukunft der Menschheit und allen Lebens auf der Erde besondere Verantwortung tragen.

Wissenschaftler sagen das Ende unseres Planeten in etwa sieben Milliarden Jahren voraus. Dann verglüht die Erde als Lava-Klumpen in der ebenfalls sterbenden Sonne. Doch ein Ende des Lebens auf Erden kann durchaus eher einteten. Denn über uns hängen das Damoklesschwert eines atomaren Infernos sowie das des verheerenden Klimawandels. Ursächlich für beides sind im Grunde jene Kräfte, denen ethische Werte nicht gelten, während Geld und Macht von heute ihnen wichtiger sind als das Leben von morgen.

Vor über hundert Jahren hatte der Friedensnobelpreisträger Albert Schweitzer die Idee der Ehrfurcht vor dem Leben. Er schrieb: *„Ich verstehe darunter, dass alles Leben etwas Geheimnisvolles und Wertvolles ist, zu dem wir uns mitfühlend und miterlebend verhalten in dem Maße, als wir denkend*

Hartmut Kegler, am 14.4.1931 in Stettin geboren, absolvierte nach 1945 eine fünfjährige Lehre und Gehilfenzeit in der bäuerlichen Praxis. Von 1950 bis 1955 studierte er am Thünen-Institut Rostock und an der Martin-Luther Universität Halle-Wittenberg Landwirtschaft. Danach arbeitete er bis 1991 als Wissenschaftler im Institut für Phytopathologie Aschersleben der Deutschen Akademie der Landwirtschaftswissenschaften. Mit Albert Schweitzer befasste er sich seit 1958 und stand mit ihm im Briefwechsel.

werden. Wer von dieser denkenden Ehrfurcht vor dem Leben erfasst ist, weiß, dass das Gute in der Erhaltung und Förderung von Leben und das Böse in der Schädigung und Vernichtung von Leben besteht, des physischen wie des geistigen." In diesem Sinne sind sowohl Krieg und Terror, Gewalt, Verarmung und Unterdrückung von Menschen ebenso wie die qualvolle Tierhaltung, Ausrottung von Tierarten, Kahlschlag von Wäldern, Leerfischung von Gewässern und Raubbau an Bodenschätzen, Verschmutzung von Luft und Gewässern grobe Verstöße gegen die Ethik der Ehrfurcht vor dem Leben der Menschen, Tieren und Pflanzen auf unserer Erde.

„*Jede Staatsform ist gut, wenn der Geist, der in ihr waltet, gut ist*", schrieb Albert Schweitzer und so frage ich mich, wie weit der gute Geist der Ehrfurcht vor dem Leben in einer Gesellschaft lebt, in der alles zur Ware wird. Auch in der Wirtschaft haben moralische Grundsätze zu gelten, denn das Grundgesetz gebietet, dass Eigentum verpflichtet. Nach Schweitzer soll es schließlich der Allgemeinheit zugutekommen.

„*Der Frieden ist nicht alles, aber ohne Frieden ist alles nichts*", meinte mit Recht Willy Brandt. „*Weil offenbar ist, ein wie furchtbares Übel Krieg in unserer Zeit ist, darf nichts unversucht bleiben, ihn zu verhindern*", bekannte Schweitzer. Was aber geschieht, sind Kriegsdrohungen und Kriege, maßlose Rüstungen und Rüstungsgeschäfte. Hier ermangelt es offenbar des guten Geistes.

Bewegungen, die sich im Geist der Ehrfurcht vor dem Leben für Frieden und Abrüstung, für Menschenrechte, für den Tierschutz sowie die Erhaltung der Natur und Umwelt einsetzen, erreichen viel, aber nicht genug, denn sie schwimmen gegen den Strom, dessen Richtung mächtige Banken und Konzerne bestimmen.

„*Auf die Füße kommt unsere Welt erst wieder, wenn sie sich beibringen lässt, dass ihr Heil nicht in Maßnahmen, sondern in neuen Gesinnungen besteht*", stellte Schweitzer fest. „*Neue Gesinnungen aber entstehen nur, wenn wahr-*

haftige und wertvolle Weltanschauung die Individuen in ihren Bann zieht.“

In einer seiner Predigen sagte Schweitzer: *„Zwei Dinge gehen nebeneinander her: Begreifen, was ist. Wollen, was sein soll. Das Zweite ist das Höhere ...“*. Wenn wir ein Kulturstaat bleiben wollen, dann haben wir für *„fortgehende Ausbildung des rein Menschlichen“* zu sorgen. Hier steht für mich Vorbild und Ethik Albert Schweitzers im Vordergrund. Denn: Ohne sie gibt es keine Moral, ohne Moral keine Tabus, aber hohe Kriminalität, vor der auch Politik nicht sicher ist. Die von Schweitzer begründete Ethik der Ehrfurcht vor dem Leben bewirkt das Leben bewahrend, den Frieden stiftend, Gerechtigkeit unter den Menschen fördernd und die Natur und Umwelt schützend. Sie ist damit zugleich der Kern wahrer Nachhaltigkeit.

Diese Ethik kann auch eine Art Kompass sein und für junge Menschen ein Ideal werden, dem es sich zuzuwenden lohnt.

Ohne *Ehrfurcht vor dem Leben* hat es jeder gute Geist im Staate schwer!

MARTIN KOWARSCH

Schweitzers Philosophie: Kompass im „Menschenzeitalter"

Begonnen hat es mit einem Raub. Ich war vierzehn, als meine Mutter auf dem Flohmarkt eine alte Schweitzerbiographie erwarb. Sie wollte sich in Nostalgie der Humanitätsikone ihrer Jugendzeit widmen. Doch getrieben von der pubertären Neugier nach interessanten Lebensentwürfen, entriss ich ihr kurzerhand das Buch, um es selbst zu verschlingen. Zur Strafe fing ich Feuer - an der gewaltigen Philosophie der Ehrfurcht vor dem Leben. Die unerwarteten Gedanken Schweitzers sprachen mir aus tiefster Seele. Wohl auch deshalb, weil ich im konservativen Heimatdorf keine ernsthafte Würdigung des mannigfaltigen Lebensstrebens in mir und in meiner menschlichen, tierischen oder gar pflanzlichen Umwelt erfahren durfte.

Drei große Errungenschaften von Schweitzers Philosophie

Schweitzers philosophisches Werk - er sah sich selbst hauptsächlich als Philosoph bzw. Denker - umreißt in wohl unübertroffener Prägnanz, was des Menschen Wesen, Würde und Wohlergehen im Kern ausmacht. Entscheidend ist dabei die erfahrbare und tätige *Verbundenheit mit allem Lebensstreben* in uns und um uns herum. Für mich ragen drei Ideen aus der geistigen Schatzkiste von Schweitzers „Kulturphilosophie" besonders heraus, die allesamt das Potenzial hätten, die vorherrschende Schulphilosophie aufzumischen:[1]

Erstens sein ganzheitliches und dennoch strenges Verständnis von „Den-

Dr. phil. Martin Kowarsch promovierte in Philosophie. Er forscht gegenwärtig als Gruppenleiter am Mercator-Institut in Berlin (MCC) zu Ethik und zur Politikberatung im Bereich der nachhaltigen Entwicklung. E-Mail: kowarsch@mcc-berlin.net.

ken", das auch eine Art spiritueller Schau nach innen mitumfasst. Nur durch ein solches weit verstandenes Denken können wir Wesentliches über uns erfahren. Welch heilsamer Gegenentwurf zum engen, oft positivistischen Rationalismus der Moderne und dem Skeptizismus der Post-Moderne! Für Schweitzer ist es dabei oberste Pflicht eines jeden Menschen, in diesem Sinne ernsthaft denkend und damit wahrhaftig sich selbst gegenüber zu werden; solch elementares Denken ist im Grunde eine natürliche Anlage jedes Menschen, die nicht notwendig großen Intellekt voraussetzt, sondern vielmehr feine Empfindsamkeit.

Zweitens richtet sich durch diesen Denkansatz das Augenmerk schnell auf das vielgestaltige, ehrfurchtserweckende Lebensstreben in uns und um uns herum. Bei all den theoretischen Bemühungen, den Menschen vom Tier abzugrenzen, haben wir irgendwie übersehen, dass der Mensch zunächst einmal primär ein Lebewesen ist, das leben will - wie andere Lebewesen auch. So gewöhnlich sich das anhören mag, so revolutionär ist diese kernige philosophische Hinwendung zum Lebensbegriff für unser Verständnis vom Wesen und der Würde des Menschen. Denn hinter dem individuellen Lebensstreben steckt etwas zutiefst Göttliches und Heiliges, das alle Lebewesen miteinander verbindet.

Drittens die aus dieser Ehrfurcht vor dem Leben erwachsende, lebensbejahende und tätige Ethik. Die volle Würde erlangt ein Mensch dadurch, dass er seinen spezifischen Anlagen gemäß - und befreit von Erwartungen an die äußere Welt - dem Leben in sich und um sich herum tatkräftig zu höchstmöglicher Blüte verhilft und Schaden von ihm abwendet, so gut es eben möglich ist. Umgekehrt verspricht es höchstes Wohlergehen und Glück, alle Dimensionen unseres eigenen Lebensstrebens balanciert zum Klingen zu bringen. Der ethische Biozentrismus Schweitzers, welcher alle Lebewesen in unseren moralischen Verantwortungsbereich mit einschließt, ist ein Meilenstein der Geistesgeschichte.

Schweitzers philosophische Errungenschaften wurden an den Universitäten wenig beachtet durch den baldigen Siegeszug der trocken-rationalistischen „analytischen Philosophie“, die mit dem Geheimnisvollen in der Welt und tätiger Ethik wenig anzufangen wusste. Dabei ist Schweitzers Denken von so viel größerer geistiger Sprengkraft als viel zitierte Werke etwa bezüglich Umweltethik (A. Leopold, H. Jonas, etc.). Wie aber nützt uns Schweitzers altehrwürdiges Denken für die komplexe, globalisierte Welt des 21. Jahrhunderts?

Wie uns Schweitzer im 21. Jahrhundert weiterhelfen könnte

Unsere moderne westliche Gesellschaft ist auf geistigem Sand gebaut. Sie ist fragil und orientierungslos; Materialismus, technokratischer Rationalismus und oberflächlich verstandener Liberalismus tragen nicht. Trotz des zunehmenden Wohlstands stiegen unlängst innerstaatliche Ungleichheiten, die Instabilität des Finanzsystems und wirtschaftliche Ängste einzelner. Viele leiden an sozialer Isolation, fehlender Wertschätzung und anderen seelischen Nöten. Einer von vier Europäern sympathisiert gegenwärtig mit populistischen und damit oft hetzerischen und menschenverachtenden Parteien. Besonders anschaulich wird unser großes geistiges Gesellschaftsproblem in unserem Verhältnis zur natürlichen Umwelt. In Indien und Bangladesch etwa ist jetzt schon jeder vierte Todesfall auf Umweltverschmutzung zurückzuführen. Die Geologie erwägt zur Zeit sogar die Einführung einer gänzlich neuen Epoche der wissenschaftlichen Erdgeschichte: das Menschenzeitalter („Anthropozän“). Dies begann etwa Mitte des letzten Jahrhunderts und gründet auf den drastischen Spuren, welche die moderne Menschheit im gesamten Erdsystem gut sichtbar hinterlässt. Dazu gehören beispielsweise die anhaltend hohen Treibhausgasemissionen samt der Übersäuerung der Ozeane, die Entwaldungen und andere landschaftliche Veränderungen etwa durch Monokulturen, sowie die rasante weltweite Artenvernichtung. Geschätzte 100 Tier- und Pflanzenarten verschwinden gerade jeden Tag von der Erde. Jeden Tag. Wie man es dreht und wendet: Wir sind gerade dabei, unseren Enkeln massiv beschädigte Ökosysteme zu hinterlassen. In nur wenigen Jahrzehnten zerstören wir – manche armutsbedingt, manche aus blanker Gier –, was über Jahrmillionen an Leben auf diesem Planeten entstanden ist. Dabei gäbe es nachhaltige Alternativen für alle Weltregionen.

Am Beispiel Klimawandel sieht man schnell, wie wenig selbst so aufgeklärte Nationen wie unsere deutsche gewillt sind, ernsthaft Änderungen unserer Sicht-, Wirtschafts- und Lebensweisen herbeizuführen. 2018 war das heißeste Jahr in Deutschland seit Messbeginn 1881. Um die Erderhitzung, wie im Pariser Klimaabkommen von 2015 eigentlich beschlossen, auf wenigstens unter 2°C im globalen Schnitt zu halten – was bereits gravierende Folgen insbesondere für arme Regionen haben wird –, müssten wir etwa zur Mitte des Jahrhunderts unter anderem aus der Verbrennung von Kohle, Öl und Gas komplett ausgestiegen sein, weltweit. Stattdessen sorgen wir uns auch im reichen Deutschland primär um die Anliegen der Kohle- und der Autoindustrie, oft unter dem Deckmantel der angeblichen Arbeitsplatzsicherung. Privat essen wir Fleisch in irrsinnigen Mengen, wohl wissend um den erbärmlichen Zustand des Tierwohls und um die Folgen fürs Klima. Von den klimaschädlichen Flugmeilen ganz zu schweigen.

Viele wollen die lebensbedrohlichen Folgen unserer modernen Lebensweise weiterhin nicht wahrhaben, trotz erdrückender wissenschaftlicher Evidenz. Manche glauben lieber in gleichsam religiöser Weise an neue Technologien, welche die von anderen Technologien verursachten Probleme angeblich stets werden lösen können. Wir befinden uns im Stadium von pubertierenden Halbstarken, die sich an ihrer gewonnenen technologischen

Macht und ihrer Freiheit berauschen, ohne die zerstörerischen Auswirkungen angemessen zu beachten. „Der Mensch beherrscht die Natur, bevor er gelernt hat sich selbst zu beherrschen“ (Schweitzer).

Wir brauchen eine neue Ethik, ja ein gänzlich neues Weltbild, das nach dem Wirkungszerfall der klassischen Religionslehren und politischen Ideologien einen festen Halt im orientierungslosen Menschenzeitalter bieten kann. Deswegen müssen wir Schweitzers Philosophie für die Zukunft fruchtbar machen, sie auffrischen und weiterentwickeln, denn „alle bleibend wertvollen Ideen müssen in dem Denken stets von Neuem geboren werden“ (Schweitzer). Schweitzers Philosophie kann Ausgangspunkt und Kompass für die Schaffung einer neuen Kultur werden. Eine Kultur, welche tätige Rücksicht auf alles Lebensstreben nimmt, weil sie tiefes Mitgefühl einübt. Eine Kultur, welche kreativ neue und starke, ganzheitliche Identitäten schaffen hilft, die keine Mauern und Fremdenhass benötigen, um sich ihrer selbst zu vergewissern. Eine Kultur, welche die Würde des Menschen wieder zum Vorschein bringt – in dem wir uns liebend mit dem Leben in uns und um uns herum verbinden.

---

1) *Für Details siehe:*
https://www.mccberlin.net/fileadmin/user_upload/Kowarsch_MagisterSchweitzer.pdf.
Dort versuche ich eine Rekonstruktion von Schweitzers philosophischer Ethikbegründung.

ERNST LUTHER

Warum Albert Schweitzer heute?

1990 erschien das Buch „Albert Schweitzer heute“ mit sehr profilierten Beiträgen zur Aktualität der Albert-Schweitzer-Forschung auf der Grundlage neuester Quellen. Das Buch ist bis heute lesenswert; es richtet sich allerdings in erster Linie an Kenner des Werkes von Schweitzer.

Mein Ansatz ist ein anderer: 1919 – also vor 100 Jahren – hielt Albert Schweitzer zwölf Predigten, die für die Gegenwart unter dem Titel: „Was sollen wir tun ?“ bearbeitet und herausgegeben wurden und für jeden verständlich und für unsere Zeit hochaktuell mahnend und aufrüttelnd zu lesen sind. Ich nenne einige Sätze daraus:

In der 1. Predigt vom 16. 2. über das Gebot der Liebe lesen wir den Satz: *„Das Gebot der Liebe heißt also im letzten Grunde: ‚Es gibt für dich keine Fremden, sondern nur Menschen, deren Wohl und Wehe dir angelegen sein muß.‘“*

Die 2. Predigt vom 23. 2. widmet sich der Ethik der Ehrfurcht vor dem Leben und erklärt das bekannte Wort: *„Gut ist: Leben erhalten und fördern; schlecht ist: Leben hemmen und zerstören.“*

In der 3. Predigt vom 2. 3. warnt Schweitzer davor, dass wir in dieser Verantwortung müde werden und uns aus der Verantwortung stehlen, Tiere quälen und Pflanzen schädigen. Besonders mahnt er Eltern, den Kindern zu sagen, wann das Töten von Tieren gerechtfertigt ist. Aber: *„Nie dürfen wir uns gedankenlos darein ergeben.“*

Die 4. Predigt vom 6. 3. verweist auf Menschen mit geschädigtem Leben und mahnt: *„die Ehrfurcht vor dem höchsten Leben gebietet uns, auch das sinnlose oder qualvolle Menschenleben nicht aufzuheben.“*

In der 5. und der 6. Predigt vom 30. 3. und 3. 5. geht es ihm darum, *„daß wir nie aus Haß oder Abneigung schädigend in das Dasein eines Menschen ein-*

Prof. Dr. Ernst Luther, Jg. 1932, Studium Pädagogik, Geschichte/Germanistik, extern Philosophie, Promotion 1961 in Greifswald, Habilitation 1971 in Halle, etwa 300 Publikationen, darunter „Albert Schweitzer – Ethik und Politik“ (2. Aufl. 2011), Mitglied ASK Weimar, DHV Frankfurt am Main, AISL Günsbach.

greifen dürfen, auch wenn er anerkanntermaßen keine Sympathie verdient und uns Böses zugefügt hat.“

Von einer besonderen Aktualität sind die drei folgenden Predigten zum Besitz, die er am 11. 5., 28. 5. und 1. 6. gehalten hat. Schweitzer nennt das Problem des Besitzes *„das aktuellste und schwerste der heutigen Probleme.“* Ist der Besitz rechtmäßig, dient er zum Wohl anderer? Er geht dann auf Jesus ein, sagt: *„Ihr hört oft das Wort: ‚Jesus war der erste Sozialist‘“.* Schweitzer verweist auf den Glauben Jesu an das kommende Reich, deshalb braucht er weder den Besitz noch die Arbeit. Aus der Sicht der Ethik hat Besitz etwas mit Verantwortung zu tun.

Die letzten drei Predigten, vom 15. 6., vom 28. 6. (zum Teil in der Klinik nach einer Operation geschrieben) und die Doppelpredigt vom 27. 7. und 17. 8. enthalten Überlegungen, wie wir unser menschliches Zusammenleben würdig gestalten können. Am Ende geht es um Höflichkeit, Freundlichkeit, um eine Grundhaltung gegen Gleichgültigkeit. Besonders wichtig war ihm, in den letzten beiden Predigten der Dankbarkeit einen wichtigen Platz im Leben einzuräumen. Wir lesen:

„Führe bei dir selbst Rechnung darüber, ob du den Betrag, den du an das Schicksal und an unbekannte Menschen schuldest, richtig begleichst. ... Du kamst irgendwo als Fremder hin und jemand nahm sich deiner an; das will heißen, daß du einem Fremden dasselbe tun sollst ...“

Wir sind wieder bei der ersten Predigt und auf die Frage „Warum Albert Schweitzer heute?“ kann ich nur sagen, es fehlt uns an Menschlichkeit, wenn wir die Ideen dieser Predigten nicht beachten. Wir brauchen sie! Eltern und Kinder sollen sie lesen und sich damit auseinandersetzen. Man muss nicht religiös gläubig sein, um zu verstehen, was Schweitzer rät und um danach zu handeln.

2019 kann ein Schicksalsjahr werden, in dem das geistige Werk Schweitzers in den Schulen und Foren für die Öffentlichkeit neue Anhänger gewinnt, die bereit sind, der Banalität in den Medien, der Gleichgültigkeit im zwischenmenschlichen Umgang, der Geringschätzung der Moral den Kampf anzusagen.

ANDREAS RÖSSLER

Die Parole „Ehrfurcht vor der Wahrheit"

Albert Schweitzer bleibt vor allem wegen seiner Lehre und Lebenspraxis der „Ehrfurcht vor dem Leben" aktuell und zukunftsweisend. Nicht vergessen werden sollte aber eine ähnlich prägnante Parole: „Ehrfurcht vor der Wahrheit"! In der Vorrede zu seinem Werk „Die Mystik des Apostels Paulus" schreibt er 1929: *„Die Ehrfurcht vor der Wahrheit als solcher, die in unserem Glauben sein muss, wenn er nicht zum Kleinglauben werden soll, begreift auch die Achtung vor der historischen Wahrheit in sich."* Natürlich ist hier genauso die naturwissenschaftliche Wahrheit, ja jede Tatsachenwahrheit gemeint. Und dann die „geistige", die umfassende Wahrheit: Unsere Zeit, schreibt Schweitzer 1947, muss *„erst wieder zur Ehrfurcht vor geistiger Wahrheit"* gelangen.

Wo gläubige Menschen die Wahrheit missachten, verfällt ihr Glaube in Aberglauben, in Dogmatismus und Fanatismus. In einer „postfaktischen" Atmosphäre, in der etwa in der Politik gezielt Fake-News gestreut werden, Halbwahrheiten und glatte Lügen, wird uns wieder deutlich, wie unentbehrlich die „Ehrfurcht vor der Wahrheit" ist: für das Zusammenleben, für Verlässlichkeit, für das persönliche Wohl, die Bewahrung der Schöpfung und die Lebensmöglichkeiten künftiger Generationen.

„Ehrfurcht vor der Wahrheit" ist Schweitzer als gläubigem Christen auch dort unabdingbar, wo durch wissenschaftliche Erkenntnisse bisherige Glaubensüberzeugungen bedroht werden. So kommt er in seinen neutestamentlichen Forschungen zum Schluss, dass sich Jesus hinsichtlich der Zukunft geirrt hat. Das Weltende ist nicht eingetroffen, wie es Jesus zusammen mit seiner jüdischen Umwelt für die nächste Zukunft erwartet hatte. Gläubige Menschen sind der Wahrheit verpflichtet, selbst wenn sie

---

Dr. theol. Andreas Rössler (Stuttgart), Jahrgang 1940, Pfarrer der Evangelischen Landeskirche in Württemberg. 1992 bis zum Ruhestand Mitte 2003 Chefredakteur des Evangelischen Gemeindeblatts für Württemberg. 2004–2012 Schriftleiter der Zeitschrift „Freies Christentum".

hier und dort schmerzlich sein sollte. So tröstet Schweitzer sich und seine Leser 1950 in der Vorrede zur sechsten Auflage seiner „Geschichte der Leben-Jesu-Forschung“ mit einem Wort des Apostels Paulus, auf das er immer wieder zurückgreift: *„Wir vermögen nichts wider die Wahrheit, sondern nur für die Wahrheit“* (2. Korinther 13,8).

Schweitzer hat keine der „Ehrfurcht vor dem Leben“ entsprechende Lehre der „Ehrfurcht vor der Wahrheit“ entfaltet, auch wenn für ihn die intellektuelle Redlichkeit, die uneingeschränkte Wahrhaftigkeit, und damit auch der Zusammenklang von Vernunft und Religion zu den ehernen Grundlagen seines Denkens und Handelns gehören. Was Schweitzer mit seiner „Ehrfurcht vor der Wahrheit“ meint, lässt sich in Analogie zur „Ehrfurcht vor dem Leben“ herausarbeiten.

„Ehrfurcht vor dem Leben“ ist nach Schweitzer zugleich Ehrfurcht vor dem unendlichen Grund des Lebens, vor Gott. So redet er in einer Predigt von der *„Ehrfurcht zu dem unbegreiflich Unendlichen und Lebendigen, das wir Gott nennen“*, und an anderer Stelle vom *„Ergriffensein von dem unendlichen, unergründlichen, vorantreibenden Willen, in dem alles Sein gegründet ist“*. Entsprechend ist auch Ehrfurcht vor dem unendlichen Grund der Wahrheit angebracht, vor Gott also, der alles, was ist, erst ermöglicht, und der zugleich als „Wille der Liebe“ will, dass sich alles, was ist, in Richtung der Liebe entwickelt. Wie das Leben ein Geheimnis ist, so ist die „geistige“, die umfassende Wahrheit verborgen. Wir können uns ihr aber annähern, insbesondere indem wir im Gewissen die unbedingte Forderung der Liebe, also der Ehrfurcht vor dem Leben, vernehmen.

Was im geschichtlichen und ganz persönlichen Geschehen der Fall ist, ist oft grauenvoll und schauerlich, ebenso wie die Vorgänge in der Natur, wo ein Lebewesen auf Kosten des anderen lebt. Wie das mit dem göttlichen Urgrund des Seins zusammenzubringen ist, den wir in uns als „Willen der Liebe“ erfahren, wissen wir nicht. Wir müssen eben versuchen, soweit es geht, trotz allem Bösen, zum Guten und damit zum „Reich Gottes“ beizutragen.

Wäre die göttliche Wahrheit ihrem Wesen nach grausam, willkürlich und alles zermalmend, dann wäre es womöglich barmherziger, wir würden uns vor den Tatsachen verschließen und uns mit angenehmen Wunschgedanken vertrösten. Ist Gott aber seinem Wesen nach „Wille der Liebe“ (was sich wissenschaftlich und philosophisch weder beweisen noch widerlegen lässt), dann können wir uns Wahrhaftigkeit leisten. Und nur wenn wir unverstellt die Wirklichkeit zur Kenntnis nehmen und dabei nicht nur fragen, was der Fall ist, sondern auch, was sein soll, können wir im Sinn der „Ehrfurcht vor dem Leben“ wirkungsvoll der Förderung des Lebens dienen.

Wer es mit der „Ehrfurcht vor dem Leben“ ernst meint, stößt an Grenzen. So können wir auf die Tötung von Tieren zum Zweck der Ernährung und der Bekämpfung von Krankheiten nicht ganz verzichten. Dabei muss aber unnötiges Leiden vermieden werden. Dementsprechend lässt sich bei aller „Ehrfurcht vor der Wahrheit“ nicht immer auf gewisse Notlügen verzichten, und genau so wenig auf manche Höflichkeiten, die nicht aus voller Überzeugung kommen, aber das Zusammenleben erfreulicher machen. Wahrheitsfanatismus kann rücksichtslos und zerstörerisch sein. Wahrheit muss mit Liebe zusammengehen: *„Lasst uns wahrhaftig sein in der Liebe“* (Epheser 4,15). Man darf es sich hier aber nicht zu leicht machen, sondern soll sich auch bei zuweilen unvermeidlichen Einschränkungen der Wahrhaftigkeit immer „ein Gewissen machen“.

GOTTFRIED SCHÜZ

Wodurch ist Albert Schweitzers Denken so aktuell? –

... weil es der Schlüssel ist zur Lösung der kleinen wie großen Lebensprobleme, die uns heute auf den Nägeln brennen.

„Die Mutter aller Probleme" ist nicht die Migrationsfrage, wie es der deutsche Heimatminister kolportierte. Die eigentliche Ursache unserer Lebensprobleme, die weltumspannende Ausmaße angenommen haben, liegt darin, dass wir uns auf das von Albert Schweitzer aufgezeigte ethische Denken nicht oder nicht hinreichend einlassen. Oder wenn wir uns auf dieses einlassen, nicht die daraus erwachsenden Konsequenzen ziehen. Aber auch das hat Gründe, mit denen Albert Schweitzer hilft uns auseinanderzusetzen.

Gegen Ende seiner 1923 erschienenen „Kulturphilosophie" schreibt er: *„Die Tatsachen rufen uns zur Besinnung, wie die Bewegungen des kenternden Fahrzeuges die Mannschaft auf Deck und in die Segel jagen. Schon ist uns der Glaube an den geistigen Fortschritt der Menschen und der Menschheit etwas fast Unmögliches geworden. Mit dem Mute der Verzweiflung müssen wir uns zu ihm zwingen. Alle miteinander wieder den geistigen Fortschritt des Menschen und der Menschheit wollen und wieder auf ihn hoffen: dies ist das Herumwerfen des Steuers, das uns gelingen muß, wenn unser Fahrzeug im letzten Augenblick noch vor den Wind gebracht werden soll.*

Fähig zu dieser Leistung werden wir nur in denkender Ehrfurcht vor dem Leben. Fängt Ehrfurcht vor dem Leben an, irgendwo am Denken und der Gesinnung zu arbeiten, dann ist das Wunder möglich".

Gottfried Schüz, geb.1950, Dr. phil., Studium für das Lehramt an Grund- und Hauptschulen und Schuldienst in Rheinland-Pfalz. 1994 bis 2014 Leiter des Staatl. Studienseminars für dieses Lehramt in Mainz. Berufsbegleitendes Zweitstudium der Philosophie, Evang. Theologie und Pädagogik mit Promotion in Philosophie an der Johannes-Gutenberg-Universität Mainz. Seit 2006 Vorsitzender der Stiftung Deutsches Albert-Schweitzer-Zentrum Frankfurt am Main. Zahlreiche Veröffentlichungen zur Pädagogik, Lehrerbildung, philosophischen Anthropologie und Ethik, vor allem über das Werk Albert Schweitzers.

Was für ein großartiges Bild. Keines passt besser auf unsere heutige Weltsituation. Wohin hat uns die einseitig auf materiellen Fortschritt und Profitmaximierung ausgerichtete Lebensweise gebracht? Allein die drohende, treffender noch: die bereits um sich greifende Klimakatastrophe lässt uns erkennen, dass die Menschheit in einem Boot sitzt. Nicht erst die jüngste Weltklimakonferenz in Kattowitz macht der Weltgemeinschaft hinreichend deutlich, dass die Zeichen auf Sturm stehen, die keinen Aufschub für ein entsprechendes Gegensteuern mehr dulden. Den karibischen Inselstaaten steht das Wasser buchstäblich schon bis zum Hals. Aber auch hierzulande werden die Folgen unserer lebensfeindlichen Formen des Wirtschaftens und Konsumierens schmerzhaft spürbar. Eine monatelange Trockenheit, wie im vergangenen Sommer, hätte in den kommenden Jahren für unsere heimische Lebensmittelversorgung schlimme Folgen. Zudem hat das grassierende Artensterben, insb. in der heimischen Insektenwelt, katastrophale Auswirkungen auf viele Lebewesen, die auf sie angewiesen sind, und letztlich auch für uns Menschen, die beispielsweise Obst essen wollen von Bäumen, für deren Bestäubung keine Bienen mehr da sind. Die landwirtschaftlichen Böden werden zunehmend durch Nitrate und Pestizide verseucht, und mit ihnen ist unsere lebenswichtigste Ressource, das Trinkwasser, gefährdet. Oder betrachten wir die Hinterlassenschaften unserer Konsumgewohnheiten, die ungelöste Müllentsorgung. In den Ozeanen sterben zahllose Meerestiere qualvoll an Plastikmüll, der auf längere Sicht die gesamte Nahrungskette bis hin zu uns Menschen vergiftet. Für eine sichere Endlagerung des wachsenden radioaktiven Mülls ist keine Lösung in Sicht.

Und wie steht es mit unserem Umgang mit Menschen, deren Leib und Leben bedroht ist und die wegen Verfolgung aus ethnischen oder religiösen Gründen bei uns Zuflucht suchen? Deren Lebensgrundlagen und Zuhause wegen jahrelanger Bürgerkriege zerstört sind? Wegen Kriegen, an denen wir durch Waffenexporte nicht unbeteiligt sind? Oder wie nutzen wir die neuen sozialen Netzwerke? Lassen wir uns von der Hetze und den Hasstiraden gegen Mitmenschen anderer Religion, Hautfarbe oder Herkunft anstecken oder setzen wir dem ein positives mitmenschliches Signal entgegen?

Die Dokumentation der von uns Menschen heute zu verantwortenden Gefährdungen und Schädigung anderen menschlichen und nichtmenschlichen Lebens füllt inzwischen Bibliotheken. Diese wenigen Hinweise dürften genügend glühende Kohlen auf unseren Häuptern versammeln, um uns *„auf Deck und in die Segel zu jagen“*, sprich: in Gesinnung und Handeln mit einer *„denkenden Ehrfurcht vor dem Leben“* endlich ernst zu machen. Ohne sie ist ein lebenswertes Leben für uns wie die Menschheit im Ganzen schon in naher Zukunft illusorisch.

Das von Albert Schweitzer initiierte ethische Denken setzt dort ein, wo ich bereit bin, im gedankenlosen Dahinleben innezuhalten und mich darauf zu besinnen, wie es um mein Verhältnis zu anderem Leben bestellt ist. Allein die beschriebenen Krisen- und Katastrophenszenarien, die uns aus dem Schlaf der Selbstzufriedenheit aufrütteln, lassen uns keine Ausflüchte mehr: Wir müssen uns mit anderem Leben, welcher Art es auch sei, zu dem wir in Nah und Fern, ob gewollt oder nicht, in Beziehung stehen, auseinandersetzen. Zu anderem Leben, dessen Wohl und Wehe von meinem Tun oder Lassen direkt oder indirekt betroffen oder berührt ist. Bin ich als einer der leben will, inmitten von anderem Leben, das auch leben will, bereit, das grundsätzlich gleiche Lebensrecht auch dem unscheinbarsten oder mir lästig scheinenden Lebewesen zuzubilligen? Und, wenn ja, bin ich auch bereit, die eingefahrenen Gleise meiner Lebensgewohnheiten, die anderes Leben schädigen, zu verlassen?

Schweitzer rief einmal, nicht ohne Wehmut, aus: *„Ach Bruder Mensch, ziehe doch wieder alle Saiten auf, auf der Harfe deiner Seele!“*

Will sagen: Nimm anderes Leben, Mitmenschen oder nichtmenschliche Mitgeschöpfe nicht nur oberflächlich *„zur Kenntnis“*. Weise ihnen nicht nur ihren Platz zu nach deinen eigenen Bedürfnissen und Zwecksetzungen. Öffne dich ihm in allen Fasern deines Wahrnehmens, Empfindens und Fühlens; besser noch: des Mitempfindens, Mitfühlens, des anteilnehmenden Mitfreuens und Mitleidens an seinen Lebensgeschicken. Du wirst auf diesem Wege deine Verbundenheit mit diesem Leben, ja jedem Leben spüren. Selbst der hartgesottenste Rationalist und Egoist kann nicht mehr ohne Selbstbetrug leugnen, dass alles Leben unserer Erde in einem unendlichen Netzwerk miteinander verbunden ist.

Was aber bedeutet das für mich? Ich muss, wenn ich auch nur zu einem Mindestmaß an Mitempfinden fähig bin, erkennen, dass ich von der mich nährenden Natur und Mitwelt nicht nur eigennützig nehmen kann. Wir verdanken ihr nahezu alles, was unser Leben trägt und sind ihr unendlich viel schuldig. Meine Ehrfurcht vor allem Leben lässt mich, wenn sie wahrhaft denkend wird in mir und ich in meinem Denken wahrhaftig bleibe, gegenüber dem Schicksal anderen Lebens nicht mehr gleichgültig sein. Ja mehr noch: ich werde mich, wenn mein Leben noch irgendeinen tragenden Sinn haben soll, wie es Schweitzer sagte, in eine *„grenzenlose Verantwortung, für alles, was lebt"*, hineinversetzt fühlen. Allein aus solch ethischer Gesinnung heraus vermag der materielle Fortschritt sich zu einem *„geistigen Fortschritt"* zu läutern, wie ihn Schweitzer forderte; zu einem Fortschritt, der allem Leben eine rettende und heilende Qualität verleiht.

Doch da kommt ein populärer Einwand: Fühle ich mich aber für eine Lebensschädigung, für die „alle" verantwortlich sind, noch persönlich zuständig? Bin ich nicht geneigt, zuerst meinen Finger auf die *„vielen anderen Umweltsünder"* zu richten, deren Schädigungspotential mein eigenes unendlich übersteigt? Klingen uns da nicht die tausendfachen Stammtischforderungen im Ohr, dass hier in erster Linie die Großunternehmer und Politiker das Nötige tun müssen? Die Entfesselung der lebensschädigenden Kräfte und Mächte, an denen wir alle unseren Anteil haben, gleicht dem Goetheschen Sinnbild des Zauberlehrlings – freilich mit dem fatalen Unterschied, dass wir nicht darauf hoffen können, dass ein großer Meister rechtzeitig kommen wird, um die Notbremse zu ziehen. Hier wird sich jeder Einzelne von uns gefordert sehen müssen.

Lasst uns wie Schweitzer den furchtbaren Tatsachen nüchtern und unverblümt ins Auge sehen. Aber erstarrt nicht vor ihnen in Resignation und krampfhaftem Festhaltenwollen des Gewohnten. Vielmehr lasst uns mit Schweitzer der um sich greifenden „Pestilenz" jeglicher Couleur unser selbstbewusstes „Dennoch" entgegensetzen. Jeder hat die Freiheit, sein Leben nach der Kompassnadel der Ehrfurcht vor dem Leben neu auszurichten und andere, lebenserhaltende Wege zu gehen.

Dazu ermutigen uns zahllose positive Beispiele, die uns vor allem auch junge Menschen vorleben, die nicht mehr bereit sind zu einem „Weiter so". Einige wenige Hinweise mögen dies illustrieren:

Wir können durch bewusstere Ernährung, insbesondere durch deutliche Reduzierung des Fleischkonsums, durch mehr Nahrungsmittel aus biologisch kontrolliertem Anbau nicht nur zum Klimaschutz, sondern auch zu artgerechter Tierhaltung beitragen.

Wir können vermehrt klimaschonende Verkehrsmittel nutzen; kurze Wege zu Fuß oder mit dem Fahrrad, Fernreisen mit der Bahn statt mit Auto oder Flugzeug zurücklegen; Plastikverpackungen meiden, Strom- und Heizkosten reduzieren und Vieles mehr ... Hier kann ich nur auf die „33 Tipps, wie Sie die Welt verbessern können" von Meike Lorenzen verweisen (siehe Internet), die Jeder ohne größeren Aufwand umsetzen kann.

Oder denken wir an die zahllosen ehrenamtlichen Flüchtlingshelfer, die in den Städten und Gemeinden Tausende von Asylbewerber in Patenschaften unterstützen und begleiten beim Erwerb der deutschen Sprache, bei Behördengängen, bei der Arbeitssuche und Berufsausbildung, in der Familie ...; was für eine menschliche Bereicherung für alle Beteiligten lässt sich erfahren!

Schließlich sei an unsere Jugend erinnert, die nicht länger bereit ist, passiv alle Geschicke hinzunehmen, sondern an einer lebenswerten Zukunft aktiv mitgestalten will. Was für ein ermutigendes Zeichen geht da von den Freitagsdemonstrationen aus, wo unter dem Motto „#FridaysForFuture" Schüler seit Wochen für mehr aktiven Klimaschutz demonstrieren. Eine Bewegung, die von der 16-jährigen Schwedin Greta Thunberg mit ihrem eindrucksvollen Appell bei der UN-Klimakonferenz ausgelöst wurde.

„Das Wenige, das du tun kannst, ist viel", lässt sich mit Schweitzer ermutigend ergänzen. Wenn jeder Einzelne bei sich beginnt, und wären es nur kleine Schritte, kann das Tun der Vielheit dieser Einzelnen Gewaltiges bewirken. In negativer Hinsicht schlägt solches uns ja unleugbar ins Gesicht. Warum nicht auch im positiven Tun auf die Macht des Einzelnen, wenn sie sich vervielfältigt, vertrauen? –

Albert Schweitzers Denken darf nicht abdanken – am wenigsten heute!

DANIEL STOFFEL

Warum Albert Schweitzer heute?

Man könnte in einer Kurzfassung schreiben: weil Schweitzers Philosophie der „Ehrfurcht vor dem Leben“ räumlich grenzen- und in der vierten Dimension zeitlos ist.

Wenn die Evolutionslehre von Darwin noch immer Gültigkeit haben sollte, müsste sich die Menschheit ja eigentlich weiterentwickeln. Biologisch mag das wohl mindestens teilweise noch stimmen, aber ethisch? Haben wir da Fortschritte gemacht? Ich habe nicht den Eindruck; oder sind die überblickbaren Zeiträume einfach zu kurz, um dies zu beurteilen? Im Überlebenskampf war und ist der Mensch brutal, aber eben auch in sinnlosem und unnötigem Machtgehabe. Leider haben Kriege seit Jahrtausenden die Geschichte geprägt und zunehmend werden immer grausamere Waffen bei Konflikten eingesetzt. Die Zivilbevölkerung leidet; die Mächtigen der Welt beteuern zwar immer, die Kriege seien im Interesse der Bevölkerung und des Landes. Dass die Konflikte aber vor allem ihrem Ego dienen, sehen sie nicht ein, das wäre ja ein Gesichtsverlust. Solange die Welt von Egomanen, Autokraten mit pathologisch narzisstischen Charakterzügen und Lügnern beherrscht wird, braucht es die Weckrufe von Persönlichkeiten vom Format eines Albert Schweitzers. Aber leider scheint die Menschheit nicht fähig, aus der Geschichte zu lernen und nicht willens, ethische Grundsätze von überragenden Persönlichkeiten – Albert Schweitzer, Mahatma Gandhi, Dalai Lama u. a. – zu befolgen und praktisch umzusetzen. Ethische Werte gelten nur so lange, als sie Eigeninteressen nicht tangieren oder stören. Der Bessere, der Stärkere gewinnt. Ist es der Bessere, der im Interesse aller handelt? Mir scheint, es sei zu oft der Rück-

---

Dr. med. Daniel Stoffel, Nationalität: Schweiz. Jahrgang 1952; aufgewachsen in Bern und Umgebung, Grundschule und Gymnasium in Bern; Medizinstudium medizinische Fakultät Universität Bern; Ausbildung zum Facharzt für Allgemeinchirurgie in Linz (A), Lausanne, Bern, Zürich. 1988–1990 Chirurg am Albert Schweitzer-Krankenhaus in Lambarene. Präsident der FISL von 2013 bis 2019.

sichtslosere, der machtbesessene Despot, dem Rechtsbewusstsein fehlt.

Die Ethik Schweitzers ist aber umfassender. Sie greift ins tägliche Leben von jedem Einzelnen ein. Ehrfurcht vor dem Leben, Respekt vor der Natur betrifft uns alle. Und leider haben diese Werte in unserer hedonistisch-egoistischen Welt immer weniger Platz. Aus dem Autofenster werfen wir Abfall, der dann von Kühen gefressen wird, lassen Verpackungsplastik im Wald oder auf der Strasse liegen; andere sollen unseren Dreck wegräumen. In diesem täglichen Umfeld haben wir die Möglichkeit, diese zeitlos gültigen ethischen Werte Albert Schweitzers zu kommunizieren. Da besteht die Chance, dass sie auf fruchtbaren Boden fallen.

Albert Schweitzer hat schon vor 60, 80, ja 100 Jahren Probleme beim Namen genannt und andere vorausgesehen. Wenn wir uns alle an seine ethischen Werte halten würden, wären viele globale Konferenzen, Gipfeltreffen und dergleichen nicht nötig. Ich will diese Treffen nicht herabwürdigen, sie sind leider eben nötig, weil wir keine gemeinsamen ethischen Werte nach dem Vorbild von Albert Schweitzer mehr haben.

Eine wegen ihrer ethischen Vorbildfunktion anerkannte Persönlichkeit und moralische Autorität sollte den Machthabern in Amerika, Russland und China und einigen Pseudodemokraten in kleineren Ländern wieder mal die Leviten lesen. Albert Schweitzer war diesbezüglich ein Vorbild, seine Briefwechsel mit Kennedy und Chruschtschow zeugen davon.

Die ethischen Werte Albert Schweitzers sind zeitlos, sie haben heute den gleichen Wert wie zu seinen Lebzeiten.

ARY VAN WIJNEN

Warum Albert Schweitzer heute? Wegbereiter eines modernen Christentums

Es ist überaus zu bedauern, dass Albert Schweitzer weder der evangelischen, noch der katholischen Kirche als Leitfigur zu einer Modernisierung dient. Er wird in beiden Kirchen kaum erwähnt. Offenbar halten diese noch zu sehr an ihren veralteten Strukturen, Traditionen und Dogmen fest. Das ist bedauerlich, da die Menschen sie nicht mehr verstehen, nicht mehr hinnehmen wollen und in Scharen die Kirche verlassen. Damit verlieren das Christentum und die Kirche ihren Einfluss auf die Gesellschaft.

Schweitzers Lehren könnten sich hier als hilfreich erweisen, da er das Christentum zurück zu seinen Wurzeln bringt. Frei von verstaubten Traditionen und Dogmen legt er das Wesentliche frei, die christliche Ethik der Nächstenliebe. Alles Andere ist für Schweitzer Theologie, die Gottesfrage, das Dogma der Dreieinigkeit, interessant darüber zu diskutieren, aber nicht essentiell. Essentiell ist das Praktizieren der Ethik der Nächstenliebe, um eine humane Welt zu schaffen und damit das Reich Gottes hier auf Erden zu verwirklichen.

Schweitzer schreibt über das Gottesreich in seinem Buch „Die Geschichte der Leben Jesu Forschung“. Zu den Zeiten Jesu glaubte man an die Lehre des bald kommenden Gottesreiches. Jesus glaubte sogar, dass es noch zu seiner Lebenszeit kommen würde und sandte seine Jünger, um dies zu verkünden. Als nichts geschah, glaubte Jesus durch seinen Opfertod das Gottesreich herbeiführen zu können.

Dr. med. Ary van Wijnen, 1936 in den Niederlanden geboren, begegnete 1963 als Student Albert Schweitzer in Lambarene. Danach arbeitete er dort als Arzt für insgesamt zehn Jahre. Weitere Stationen seiner Arbeit waren in Nigeria und auf Haiti. Die letzten 14 Jahre seines Berufslebens war er medizinischer Berater beim Deutschen Aussätzigen Hilfswerk (DAHW) in Würzburg.

Paulus ist laut Schweitzer der Erste, der eine Brücke schlägt zwischen der phantastischen, apokalyptischen Erwartung des Gottesreiches und dem Ziel einer humanen Kultur hier auf Erden. In seinem Buch „Reich Gottes und Christentum" schreibt Schweitzer:

„Als das Wesen des kommenden Reiches Gottes hat der Denker Paulus erkannt, dass es in der Herrschaft des Geistes besteht. Aus dieser durch ihm aufgekommen Erkenntnis heraus begreifen wir, dass das Kommen des Reiches dadurch herbeigeführt wird, dass Jesu Geist in unseren Herzen zur Macht kommt und durch uns in die Welt".[1]

Wenn das geschieht, wird die Menschheit folglich die Welt verändern und zu einem besseren und humaneren Ort verwandeln. Passend dazu sagte Schweitzer 1963 zu mir:*„ Das Wichtigste ist, dass die Humanität in der Welt immer größer wird".*

Schweitzer hat auch unaufhörlich darauf hingewiesen und durch sein Leben glaubwürdig vorgelebt, dass das Christentum von uns verlangt, dass wir Jesus nachfolgen und seine Ethik der Nächstenliebe in die Praxis umsetzen.

Als Schweitzer die „Geschichte der Leben Jesu Forschung" schrieb, wollte er beweisen, dass es unmöglich ist, das historische Leben Jesu aus der Bibel zu konstruieren. Die Bibel sei eine Predigt, kein Geschichtsbuch. Wir wissen nicht so genau, wer Jesus als historische Person war, aber wir wissen genau, was er von uns wollte. Schweitzer fasst das am Ende seines Buches so zusammen:

„Als ein Unbekannter und Namenloser kommt er zu uns, wie er am Gestade des Sees an jene Männer, die nicht wussten wer er war, herantrat. Er sagt dasselbe Wort: Du aber folge mir nach! Und stellt uns vor die Aufgaben, die er in unserer Zeit lösen muss. Er gebietet. Und denjenigen, welche ihm gehorchen, Weisen und Unweisen, wird er sich offenbaren in dem, was sie in seiner Gemeinschaft an Frieden, Wirken, Kämpfen und Leiden erleben dürfen,

und als ein unaussprechliches Geheimnis werden sie erfahren, wer er ist ..."[2]

Schweitzer hat nicht nur ein Christentum der Nachfolge und der Tat gefordert, sondern auch den Wirkungskreis der christlichen Ethik der Nächstenliebe auf die ganze Schöpfung erweitert. Die Ethik soll nicht nur gelten für die Beziehung zwischen den Menschen, sondern auch für die Beziehung zu Tieren und Pflanzen. Schweitzer erfand für diese Ethik, die sich um die ganze Schöpfung kümmert, einen neuen Begriff: „Ehrfurcht vor dem Leben". Sie ist nicht etwas komplett Neues, sie hat ihren Ursprung in und ist in ihrem Wesen äquivalent mit der Ethik Jesu, aber sie ist umfassender. Damit hat Schweitzer die christliche Ethik für alle Religionen zugänglich gemacht und zugleich auf unsere Pflicht, das Leben und die Natur zu ehren und zu schützen, hingewiesen. Moderner und aktueller kann die christliche Nächstenliebe kaum ausgelegt werden.

Auch zu theologischen Fragen hat Schweitzer höchst interessante und wertvolle Ansichten. Ein Beispiel ist die Gottesfrage: Wer ist Gott? Existiert er?

Schweitzer kann diese Frage nicht beantworten. Gott ist rätselhaft, aber er kann das Problem beschreiben:

„Alle Probleme der Religion gehen zuletzt auf eines zurück: dass ich Gott in mir anders erlebe, als ich ihn in der Welt erkenne. In der Welt tritt er mir als rätselhafte, wunderbare Schöpferkraft entgegen; in mir offenbart er sich als ethischer Wille. In der Welt ist er unpersönliche Kraft, in mir offenbart er sich als Persönlichkeit. Der Gott, der in dem Denken über die Welt erkannt wird, und der, den ich als ethischen Willen erlebe, lassen sich nicht zusammenbringen. Beide sind eins; aber wie sie es sind, verstehe ich nicht".

„Lassen Sie mich ein Gleichnis gebrauchen. Es gibt einen Ozean. Kaltes Wasser, unbewegt. In dem Ozean aber ist der Golfstrom, warmes Wasser, das vom Äquator zum Pole fließt ... Zwischen den kalten Wassern des Ozeans, wie zwischen zwei Ufern, fließt ein Strom warmen Wassers, bewegt in dem Unbe-

wegten, warm in dem Kalten ... So ist der Gott der Liebe in dem Gott der Weltkräfte eins mit ihm, und doch so ganz anders als er. Von diesem warmen Golfstrom der Liebe lassen wir uns ergreifen und dahintragen".[3]

Eine solche rationale und zugleich tiefsinnige Interpretation der Gottesfrage spricht den modernen, sogar den ungläubigen Menschen an. Dieser Ansatz könnte der Kirche gut tun und sie modernisieren.

Wenn die Kirchen die Ansichten Schweitzers beherzigen würden - ein Christentum, das sich auf seine Ethik konzentriert und nicht auf seine Dogmen; ein Christentum der Tat; ein Christentum, das seine Ethik auf die ganze Schöpfung erweitert, mit dem Ziel, eine humanere Welt zu schaffen und die Schöpfung zu bewahren - dann hätten die Kirchen und das Christentum eine Chance, die Menschheit auch in Zukunft noch anzusprechen.

---

1) *Albert Schweitzer, Reich Gottes und Christentum, Seite 195, C.H. Beck München, 1967/1995*

2) *Albert Schweitzer, Geschichte der Leben Jesu Forschung, Seite 642, J.C.B. Mohr Tübingen, 1951*

3) *Albert Schweitzer, Das Christentum und die Weltregionen, Seiten 58 u. 59, C.H. Beck München, 1984*

HANS-GEORG WITTIG

Vom Glück, eine Quelle des Lebens zu finden. Warum Albert Schweitzer heute so wichtig ist.

Traditionsabbrüche sind gefährlich, weil der, der die Geschichte nicht kennt, der Gegenwart ausgeliefert ist. Viele heutige Jugendliche - einerseits verwöhnt, andererseits mit Ersatzbefriedigungen abgespeist - können die möglichen Tiefpunkte und Höhepunkte menschlichen Lebens nicht einmal ahnen, sie wissen nichts von den Irrwegen und den Chancen menschlicher Geschichte.

Warum ist Schweitzer nach wie vor so wichtig? Die Antwort darauf möchte ich zunächst in wenigen Sätzen zusammenfassen, dann einige Stichworte aus diesen Sätzen etwas näher kommentieren.

Albert Schweitzer ist für mich nicht allein ein Vorbild der **Mitmenschlichkeit**, ja **Mitgeschöpflichkeit**, das neben anderen steht, sondern einzigartig in seiner Verbindung von **kritischer Philosophie und liberaler Theologie**, von **weitgespannter Theorie und engagierter Praxis**, von **Zuwendung zu einzelnen Lebewesen und weltpolitischer Verantwortung**. In unserer heillos **zersplitterten Welt** bietet er kulturübergreifend allen Menschen, ob sie sich nun religiös oder säkular verstehen, genau diejenige Lebensorientierung, auf die es für eine gelingende Zukunft ankommt. **Ehrfurcht vor dem Leben** lässt sich auf allen Stufen und in allen Bereichen unseres Lebens praktizieren, von Familie und Kindergarten über Schule und Jugendarbeit bis hin zu Hochschule und Beruf. Für Schweitzers kraft-

---

Prof. Dr. phil. Hans-Georg Wittig, geb. 1942, Studium in Hamburg und Tübingen, Professor für Allgemeine Pädagogik an den Pädagogischen Hochschulen Lörrach, Karlsruhe und Freiburg. Arbeitsschwerpunkte: Geschichte der Pädagogik, insbesondere „kritische Bewahrung" aktueller Klassiker der Pädagogik, Philosophie und Theologie, ferner Pädagogische Anthropologie und Ethik, Beiträge zur Bewältigung der globalen Ökokrise. Kirchliche Ehrenämter, seit 2011 im Vorstand des „Bundes für Freies Christentum".

volle und tröstliche Worte und Werke können wir nur dankbar sein, in ihnen können wir eine geistige **Heimat** finden.

Mitmenschlichkeit. Was in der heutigen „Bildungs"-Diskussion fast völlig unbeachtet bleibt, hat Schweitzer klar gesehen: Jede Steigerung menschlichen Wissens und Könnens führt nur dann nicht zu weiterer Selbstgefährdung und -zerstörung der Menschheit, wenn sie ergänzt wird durch eine ihr entsprechende Erweiterung und Intensivierung unserer Fähigkeit und Bereitschaft zur Verantwortung – das Herz der Bildung ist die Bildung des Herzens.

Mitgeschöpflichkeit. Nicht nur Menschen sind bedürftig und zur Befriedigung ihrer Bedürfnisse aufeinander angewiesen, sondern alle Lebewesen haben – inhaltlich allerdings unterschiedliche – Bedürfnisse; deshalb ist Wilhelm Kamlahs ethische Grundnorm (die zu Schweitzer in Beziehung zu setzen erhellend ist) zu erweitern: Beachte, dass die anderen Lebewesen bedürftig sind wie du selbst, und handle demgemäß!

Wenn wir die Natur – oder Teile von ihr – nur deshalb schonen, weil wir ohne sie nicht überleben können, drohen wir sie anthropozentrisch zu instrumentalisieren. Schweitzer denkt „biozentrisch", er respektiert alle Lebewesen – letztlich als Geschöpfe Gottes. Illusionslos sieht er, dass immer wieder die einen Lebewesen sterben müssen, damit die anderen leben können, er mutet uns zu, dass wir in entsprechenden Situationen selbst zu entscheiden haben, welche Lebewesen wir auf Kosten welcher anderen erhalten, aber er weigert sich, eine Rangfolge zwischen ihnen ein für allemal, also situationsunabhängig festzuschreiben. Das wirft philosophische und theologische Fragen auf.

Kritische Philosophie und liberale Theologie. Mit seinem Ausgangssatz *„Ich bin Leben, das leben will, inmitten von Leben, das leben will"* wendet sich Schweitzer ausdrücklich gegen Descartes. Im Sinne Kants betont er die Inselhaftigkeit und die Grenzen menschlicher Erkenntnis. Über sie hinaus dürfen wir aber an einen Schöpfergott glauben, den „metaphysischen" Ermöglichungsgrund unserer Wirklichkeit in all ihrer Vielfalt und all ihrem Reichtum, den Ermöglichungsgrund auch der Menschen, auch der Personalität, auch der Liebe. Rationalität schließt Mystik nicht aus, sondern führt, wenn sie konsequent ist, zu ihr hin. Aber Theologie darf sich nicht lossagen von den in der Aufklärung gewonnenen Maßstäben kritischen Denkens, sie muss den Stellenwert ihrer Aussagen klären und auf „Zuvielwissen" verzichten.

Weitgespannte Theorie und engagierte Praxis. Wie bedeutsam die Ergänzung von Theorie durch Praxis ist, mag auch das Beispiel von Schweitzers theologischem Kontrahenten Karl Barth zeigen, der zuweilen als Kirchenvater des 20. Jahrhunderts bezeichnet wurde. Über den Irrsinn des Ersten Weltkriegs und das Versagen der allzu angepassten Kirchen inmitten dieses Irrsinns waren beide empört. Barth protestierte mit Recht gegen die Aufweichung der christlichen Botschaft, aber er blieb dabei im Bereich der Theorie, er griff auf das nach seiner Überzeugung unhinterfragbare Wort Gottes in der Bibel zurück – dieser letztlich fundamentalistische Ansatz musste auf Dauer scheitern. Schweitzer erstellte ebenfalls umfassende Studien zur christlichen Theologie, aber er tat das im Rahmen historisch-kritischer Forschung, er ergänzte sie durch Analysen der indischen und chinesischen Gedankenwelten, vor allem jedoch sah er, dass christliche Existenz neben Theorie auch Lebenspraxis – und Kunst – umfasst, er ging den riskanten Weg nach Lambarene.

Zuwendung zu einzelnen Lebewesen und weltpolitische Verantwortung. Weil Schweitzer diese beiden Seiten gemeinsam praktiziert hat, statt sie gegeneinander auszuspielen, ist seine Ethik auf allen Stufen unserer Entwicklung anwendbar. Achtsamkeit im Kleinen ist einübende Vorbereitung für Verantwortung im Großen, die heute unverzichtbar ist und Mut zum Widerstand erfordert.

Zersplitterte Welt. Nicht nur die objektiven Probleme wie Klimawandel, Naturausbeutung, soziale Ungerechtigkeit und Kriegsgefahr verschärfen sich, auch die geistigen Instrumente, die zur Lösung dieser Probleme verhelfen sollten, geraten zunehmend in Konfusion, nach mancherlei relativistischen Ansätzen in postmoderner Philosophie und Wissenschaft droht am Ende Wahrheit unter „Fake News" zu versinken. Gravierender noch als die Umweltverschmutzung dürfte die „Innenweltverschmutzung" sein, die ihr letztlich zugrunde liegt. Kritische Philosophie dagegen sieht zwar die Grenzen, aber eben auch die Möglichkeiten menschlicher Erkenntnis, sie gibt das Streben nach der einen Wahrheit nicht preis, sondern versucht sich ihr mit der nötigen Umsicht und Sorgfalt anzunähern.

Ehrfurcht vor dem Leben. Dieses Prinzip dehnt nicht nur den Anwendungsbereich ethischen Handelns auf außermenschliche Lebewesen aus, sondern bedeutet auch eine Befreiung und eine Intensivierung ethischen Handelns: Indem Ehrfurcht vor dem Leben auf den Zwang bestimmter inhaltlicher Normen verzichtet, ähnelt sie dem, was Max Weber als „Verantwortungsethik" (im Unterschied zu einer rigiden „Gesinnungsethik") herausgearbeitet hat. Sie erinnert an die altchristliche Formel *„Ama et fac quod vis"*, die Carl Friedrich von Weizsäcker übersetzt: *„Liebe und tu, was du dann wollen kannst!"* Diese Befreiung muss keineswegs eine Schwächung ethischen Handelns zur Folge haben, im Gegenteil kann und sollte sie zu dessen Intensivierung ermutigen: Indem wir unsere jeweilige Situation aufmerksam wahrnehmen, dürfen wir selbständig herausfinden, wo wir welches Leben auf welche Weise erhalten und fördern können. Ein Beispiel: Gewalt hat Schweitzer nicht ausnahmslos abgelehnt, aber im Sinne seiner Ethik hat er sie selbstverständlich so weit wie möglich reduziert, er hat die Folgen von Gewalt zu mildern versucht und sich intensiv für eine Kultur der Gewaltfreiheit eingesetzt. An einer einzigen Stelle allerdings war er kompromisslos: bei der Ächtung nuklearer Aufrüstung, und zwar deshalb, weil diese erstmals den Fortgang menschlicher Geschichte insgesamt in Frage stellt. Auch wenn er kein strikter Pazifist war, wurde er doch zum „Atompazifisten".

Geistige Heimat. Gelebtes Leben ist überzeugender und vor allem motivierender als abstrakte Prinzipien - schon Jean Paul, der Schweitzer in so vielem seelenverwandt war, wusste: *„Leben belebt Leben."* Indem wir uns Schweitzers Leben meditierend zuwenden, kann eben jene Ehrfurcht vor dem Leben geweckt werden, die zwar der ethischen Reflexion bedarf, aber nicht mehr fixierter inhaltlicher Normen.

Für Schweitzer mündet ethisches Handeln letztlich in religiöse Geborgenheit. *„Dem aber, was in meinen Bereich kommt und meiner bedarf, mich hingebend, verwirkliche ich die geistige, innerliche Hingebung an das unendliche Sein und gebe meiner armen Existenz damit Sinn und Reichtum. Der Fluss hat sein Meer gefunden."* (Kultur und Ethik, Gesammelte Werke in fünf Bänden, Bd. 2, S. 373)

Um im Bild zu bleiben: In unserer verwüsteten Welt brauchen wir genau solche Flüsse. Schweitzer ist für uns eine Quelle des Lebens, wir sollten dafür dankbar sein und uns hüten, sie in Vergessenheit geraten zu lassen.

WERNER ZAGER

Warum Albert Schweitzer heute?

Angesichts des immer bedrohlichere Formen annehmenden weltweiten Klimawandels leuchtet es unmittelbar ein, dass Albert Schweitzers „Ethik der Ehrfurcht vor dem Leben" eine hohe Aktualität zukommt - sei es, um unser eigenes Fehlverhalten wahrzunehmen und einzugestehen, oder sei es, um Orientierung für verantwortliches Handeln im Kleinen und Großen zu gewinnen. Ob es uns gelingt - wie Schweitzer hoffte -, noch im letzten Moment das Ruder herumzureißen und die krisenhafte Entwicklung zu stoppen und gar umzukehren, ist eine durchaus offene Frage. Im Erkennen war Schweitzer Realist, im Handeln dagegen Optimist. Darin sollten wir es ihm gleichtun. Auch wenn wir als Realisten erkennen, dass es möglicherweise schon fünf nach zwölf ist, sollten wir unser Handeln durch die Hoffnung beflügeln lassen, dass die Menschheit noch eine Chance hat, das Schlimmste abzuwenden.

Wie dies konkret geschehen kann, hat Schweitzer bereits vor 100 Jahren in seinem Zyklus von 15 ethischen Predigten gezeigt, die er nach seiner Rückkehr aus französischer Internierungshaft während des Ersten Weltkriegs in der Zeit vom 16. Februar bis zum 7. September 1919 in der Kirche St. Nicolai in Straßburg gehalten hat und 1974 unter dem Titel „Was sollen wir tun?" veröffentlicht wurden.[1] In diesen Predigten hat Schweitzer übrigens zum ersten Mal seine Ethik der Ehrfurcht vor dem Leben öffentlich dargelegt.

Man sieht nicht zuletzt hieraus, welche Bedeutung Schweitzer der Predigt beigemessen hat. Und so ist es in besonderer Weise der Prediger Schweitzer, der mich anspricht. Zweifellos hat Schweitzer die Kunst beherrscht, selbst tiefe religiöse Gedanken verständlich und überzeugend aus-

Werner Zager, geboren 1959 in Worms, außerplanmäßiger Professor für Neues Testament am Fachbereich Evangelische Theologie der Johann Wolfgang Goethe-Universität Frankfurt am Main und Leiter der Evangelischen Erwachsenenbildung Worms-Wonnegau; Mitherausgeber der „Werke aus dem Nachlaß" Albert Schweitzers und der „Beiträge zur Albert-Schweitzer-Forschung".

zudrücken. Die Ausstrahlungskraft seiner Predigten dürfte zum einen damit zusammenhängen, dass diese – wie er sagt – einen Gedanken des Evangeliums entfalten, *„den wir lebendig aus unserm Leben herausgerissen haben"*, so dass dieser *„auch in andern Leben werden"* kann. Zum anderen sind es die eindrücklichen Bilder und Metaphern, die überzeugen.

Als für unsere Zeit besonders wegweisend hat Schweitzers bewusster Verzicht auf dogmatische Lehrformeln zu gelten, die bis in die heutige Predigtpraxis hinein gerade an den kirchlichen Feiertagen Verwendung finden. Pointiert drückt er dies so aus: *„Nur was du wirklich selber denkst und empfindest, ist deine Religion. Gar oft sind überlieferte Worte nur dazu da, uns mit ihrem Schall über unsere innere Armut hinwegzutäuschen, und wir riskieren fort und fort, dass es uns ergeht wie manchen alten Handelshäusern, die auf ihre Solidität bauen und immer Werte auf dem Papier mit weiterführen, die sich bei einem richtigen Inventar als nicht mehr vorhanden erweisen würden."*

Als ein der Wahrhaftigkeit kompromisslos verpflichteter Prediger erklärt Schweitzer in aller Klarheit, dass das Weltbild Jesu für uns hinfällig geworden ist: *„Wir rechnen nicht mehr mit dem nahen Weltende und einem direkten Eingreifen Gottes in das Geschehen"*. Die Vorstellung von dem unmittelbar durch Gottes Handeln herbeigeführten Reich ist abgelöst worden durch die von dem durch Arbeit des Menschen zu verwirklichenden Reich. Im Blick auf das Ostergeschehen geht es Schweitzer nicht um das Mirakel einer leiblichen Auferstehung, sondern darum, dass Jesu Geist *„sich in vielen Menschen lebendig erwies, und ich selber fühle, wie er bei mir zum Leben gelangen will"*. Und so kann er formulieren: *„Es ist, als ob Jesus selber der Menschen bedürfte, um in uns zur Herrschaft zu gelangen. Seine Worte sind für uns Leben geworden durch Menschen, in denen sie Leben waren, und er selber lebt in uns durch die, die in ihm lebten und uns berührten, dass sich unser Geist an dem ihren entzündete."*

Was die Predigten Schweitzers wie ein roter Faden durchzieht, ist die immer wieder von neuem vollzogene Verbindung von Denken und Glauben bzw. Frömmigkeit. Und auch dies ist ein charakteristischer Zug des Predigers Schweitzer: bei aller Liberalität in Glaubensfragen der hohe Stellenwert von Kirche und Gottesdienst. Den Satz, man könne *„ein guter Christ werden und sein, ohne in die Kirche zu gehen"*, brandmarkt Schweitzer als einen *„grundfalsche[n] Satz; wer ihn ausspricht, der weiß gar nicht, was wahres Christentum ist. Er meint, es sei, so einige Sätze für wahr zu halten, ihnen zuzustimmen, aber das Christentum ist inneres Leben! Und dieses Leben entwickelt sich nur, wenn man allsonntäglich aufs neue in der christlichen Gemeinde sich versammelt und allsonntäglich Gottes Wort hört."*

In einer Zeit des geistigen Umbruchs bieten Schweitzers Predigten wegweisende Orientierung, indem sie Kritik an überkommenen Vorstellungen offen äußern, ohne Andersdenkende dabei zu verletzen, die Hörerinnen und Hörer in die Wahrheitssuche des Predigers mit einbeziehen und zu einer „Denkfrömmigkeit" anleiten, die keine Denkverbote kennt, vielmehr auf eine wahrhaftige und glaubwürdige christliche Existenz abzielt. So gelingt es Schweitzer, das Evangelium als etwas Neues und Lebendiges zur Sprache zu bringen.

---

1) Albert Schweitzer, Was sollen wir tun? 12 Predigten über ethische Probleme, hg. v. Martin Strege (†) u. Lothar Stiehm, Heidelberg 1986. – Dabei werden die beiden Predigten vom 27.7.1919 und 17.8.1919 als eine Predigt gezählt. Nicht berücksichtigt sind die 14., nur aus Stichworten bestehende Predigt über die Gerechtigkeit und die 15. Predigt über die Wahrhaftigkeit. Der Predigtzyklus ist auch enthalten in: Albert Schweitzer, Predigten 1898–1948 (Werke aus dem Nachlaß), hg. v. Richard Brüllmann u. Erich Gräßer, München 2001, S. 1233–1321 (auf S. 1319–1321 wird hier auch die 15. Predigt veröffentlicht).

Vor 100 Jahren

Helene Schweitzer Bresslau und Tochter Rhena, etwa 1920/21

ROLAND WOLF

Albert Schweitzer im Jahr 1919

Das Jahr 1919 beginnt mit einem freudigen Ereignis für das Ehepaar Schweitzer: die Geburt am 14. Januar der Tochter Rhena. Albert feiert an diesem Tag seinen 44. Geburtstag, Helene steht kurz vor ihrem 40. Angesichts des Alters der Mutter und ihrer schwachen Gesundheit ist die Geburt nicht ohne Risiko. Das erstaunliche Datum ist letztlich ein Zufall, wenn auch ein glücklicher, kann aber auch als gewolltes Geschenk für den Vater interpretiert werden. Darauf weist ein Brief Schweitzers am Tag nach der Geburt an die Mülhausener Lehrerin und Freundin Anna Schäffer hin:

„Liebes Fräulein, an meinem Geburtstag, zu dem ich Ihre Karte erhalten habe, saß ich in der Frauenklinik neben dem Bett meiner Frau und versprach ihr einen Preis, wenn sie das Kind noch am selben Tag auf die Welt bringt. Und es geschah in der letzten Stunde! So hat Rhena Suzanne Fanny Schweitzer, die ein hübsches Mädchen zu werden verspricht, denselben Geburtstag wie ihr Vater. Der Mutter geht es gut. Von Herzen Ihr Albert Schweitzer."

Der ungewöhnliche Name Rhena für das neugeborene Kind bedarf einer Erklärung. Offensichtlich hatten sich Albert und Helene einen Sohn gewünscht, den sie nach dem die Landschaft prägenden und an den Beginn ihrer Freundschaft erinnernden Rhein Rhenus nennen wollten. Für die Tochter wurde dann einfach eine weibliche Form Rhena gebildet. Die weiteren Vornamen erinnern an die verstorbene Freundin Fanny Reinach, die vor der Ausreise nach Lambarene eine wichtige Rolle im Leben Schweitzers gespielt hatte, und an die Nichte Suzanne Ehretsmann (später: Oswald), Tochter von Schweitzers älterer Schwester Louise. Getauft wurde Rhena erst acht Monate später im September in Günsbach von Großvater Louis Schweitzer. Taufpatin war Schweitzers Nichte Suzanne.

Eine weitere große Freude Schweitzers nach der Rückkehr ins Elsass war die Wiederaufnahme der Predigttätigkeit in der Nicolaikirche (St. Nicolas) ab Oktober 1918. Er profitierte dabei von der durch den Krieg geschaffenen Situation, wie er in seiner Selbstbiographie schreibt:

„Nach dem Waffenstillstand, durch den das Elsass aus deutscher in französische Verwaltung überging, hatte ich den Dienst in St. Nicolai einige Zeit allein zu versehen. Pfarrer Gerold, der wegen antideutscher Äußerungen von der deutschen Regierung seines Amtes enthoben worden war, war von der französischen noch nicht wieder eingesetzt, und Pfarrer Ernst, der Nachfolger von Pfarrer Knittel, hatte seine Stelle wegen nicht genügender französischer Gesinnung aufgeben müssen.“

Da das zur Gemeinde gehörende Pfarrhaus am Nikolausstaden 5 deshalb leer stand, wurde es Schweitzer als Wohnung zur Verfügung gestellt, obwohl er als Vikar kein Anrecht darauf hatte. Und so verließ das Ehepaar Schweitzer im April 1919 das Haus von Annie Fischer(-Stinnes) im Schatten von St. Thomas und zog in das nur wenige hundert Meter entfernte Pfarrhaus am Nikolausstaden (Quai Saint-Nicolas).

Dieses schon im 14. Jahrhundert erwähnte nicht unterkellerte Gebäude war an vielen Stellen feucht, die Wohnung im ersten Stock mit engen Fluren und kleinen Zimmern alles andere als gemütlich. Elektrizität gab es nicht, ohne dass sich Schweitzer darüber beschwerte, im Gegensatz zu der jungen Pastorin, die zwei Jahre später in das Haus einzog. Die Glocke, die durch Ziehen an einem mit einer eisernen Stange verbundenen Ring zum Klingen gebracht wurde, funktionierte übrigens nach dem gleichen System, das Schweitzer zehn Jahre später an seinem Haus in Günsbach installieren ließ und das heute noch in Betrieb ist.

In der freien Zeit, die ihm seine Aufgaben als Assistenzarzt am Bürgerspital und Vikar in St. Nicolai ließen, wandte sich Schweitzer wieder der Kulturphilosophie zu. Da ihm das in Afrika zurückgelassene Manuskript noch nicht zugeschickt worden war, beschäftigte er sich vor allem mit den in den Weltreligionen enthaltenen Weltanschauungen und ihrer Ethik.

Gleichzeitig bot ihm seine Predigttätigkeit ein erstes Forum, auf dem er seine Gedanken über die Ehrfurcht vor dem Leben der Öffentlichkeit vortragen konnte. So entstanden zwischen dem 16. Februar und dem 20. Juli elf Predigten über ethische Probleme, gefolgt von drei ethischen Predigten über Dankbarkeit und Wahrhaftigkeit.

Schon in der ersten Predigt vom 16. Februar über das große Gebot (Mk. 12,28–34) stellt er das Grundgebot aller Sittlichkeit in der Vordergrund und kündigt der Gemeinde an, mit ihr über diese Frage nachzudenken, *„um dann mehrere Andachten den Fragen der christlichen Sittlichkeit zu widmen, die [er] in der Ferne, in der Einsamkeit des Urwaldes, überdacht habe“.*

Und so legt er die für ihn so wichtige Erkenntnis dar, dass sittliches Handeln nicht allein Herzenssache ist, sondern dass Sittlichkeit auch auf Vernunft gegründet sein muss. *„Vernunft und Herz müssen miteinander wirken, wenn eine wahre Sittlichkeit zustande kommen soll“.*

Mit dem Herzen begriffen bedeute das elementarste Sittengesetz: *„Aus Ehrfurcht zu dem unbegreiflich Unendlichen und Lebendigen, das wir Gott nennen, sollen wir uns niemals einem Menschenwesen gegenüber als fremd fühlen dürfen, sondern uns zu helfendem Miterleben zwingen“.* Auf der anderen Seite stoße auch die Vernunft mit ihrem Bedürfnis nach Erkennen und der Suche nach den Grenzen des menschlichen Wissens letztlich auf etwas Unergründliches, und das heiße Leben. *„Alles Wissen ist zuletzt Wissen vom Leben und alles Erkennen Staunen über das Rätsel des Lebens ... Ehrfurcht vor dem Leben in seinen unendlichen, immer neuen Gestaltungen“.*

Und so kommt Schweitzer zu dem Schluss:

> *„Ich kann nicht anders, als Ehrfurcht haben vor allem, was Leben heißt. Ich kann nicht anders, als mitempfinden mit allem, was Leben heißt: Das ist der Anfang und das Fundament aller Sittlichkeit“.*

In den folgenden Predigten entwickelt Schweitzer nach und nach andere Aspekte seiner Ethik, die mit der Veröffentlichung der Kulturphilosophie vier Jahre später einem breiteren Publikum bekanntgemacht werden: das Schauspiel der Natur, die keine Ehrfurcht vor dem Leben kennt; unser Verhalten gegenüber Tieren und Pflanzen; die Ehrfurcht vor dem eigenen Dasein; die Auseinandersetzung mit jenen, die unsere Existenz schädigen; der Konflikt zwischen sachlichen und menschlichen Rücksichten, wenn ich vermeiden will, schädigend in die Existenz eines anderen Menschen einzugreifen; die Frage nach der Berechtigung von Besitz und der mit ihm gegebenen Verantwortung; die Möglichkeiten, Gutes zu tun; die Pflicht zum Helfen und zum Dienen; das Wesen der Höflichkeit.

Mit Ausnahme des Monats April, in dem er Feiertagsgottesdienste zu Konfirmation, Karfreitag und Ostern hält, werden die sonntäglichen Morgenpredigten in regelmäßigem Abstand von einer oder zwei Wochen gehalten. Im Juni muss er jedoch aus gesundheitlichen Gründen eine Pause einlegen. Zur Operation eines äußerst schmerzhaften Analabszesses am 18. Juni hat sich Schweitzer in die chirurgische Klinik Stoltz begeben, in der er als Rekonvaleszent die Predigt vom 20. Juli ausarbeitet. Es verwundert den Schweitzer-Kenner nicht, dass er immer wieder sein Krankenbett verlässt, um seiner Tätigkeit als Pastor und auch als Assistenzarzt nachzugehen.

Nach drei letzten ethischen Predigten über die Dankbarkeit und die Wahrhaftigkeit kann Schweitzer aber Mitte September einige Tage Urlaub machen. Er nutzt sie, um nach Günsbach zu fahren, wo sich seit Ende August die ebenfalls gesundheitlich angeschlagene Helene zusammen mit Töchterchen Rhena erholt. Und letztere kann jetzt dort getauft werden.

Bis Anfang November tritt der Prediger Schweitzer hinter den Musiker zurück. Denn er nutzt die Tatsache, dass er im Oktober endlich einen Reisepass erhalten hat. So konnte er nun seine *„Straßburger Abgeschlossenheit“* verlassen, in der er *„das Gefühl eines unter ein Möbel gerollten und dort verlorenen Groschens“* hatte, und nach Barcelona reisen, um im dortigen Musikpalast zwei Orgelkonzerte zu geben. In seinen Erinnerungen schreibt er dazu: *„Bei diesem ersten Wiederhinauskommen in die Welt erfuhr ich, dass ich als Künstler noch etwas galt“.*

Seine gesundheitlichen Probleme machen ihm aber auch Monate nach der Operation noch zu schaffen. Selbst im Dezember muss noch Eiter aus der nur langsam verheilenden Wunde entfernt werden. Immer wieder hat er auch Fieberanfälle, die er nicht mit der Operation in Verbindung bringen kann. Er ist darüber so besorgt, dass er zeitweise eine Erkrankung an der Schlafkrankheit nicht ausschließt und sein Blut untersuchen lässt, das zur weiteren Klärung sogar fünf Versuchstieren eingeimpft wird.

All diese Aktivitäten und Probleme lassen ihn die Sorge um das in Andende zurückgebliebene und von der Kolonialverwaltung unter Zwangsverwaltung gestellte Material nicht vergessen, das sich unter der Obhut der Missionare befindet. In diesem Sinne schreibt er mehrmals an Missionsdirektor Bianquis und schaltet sogar einen Rechtsanwalt ein, um den Vorgang zu beschleunigen.

Im August erreicht ihn dann über die Polizeipräfektur in Straßburg ein Brief aus Libreville, in dem der mit der Angelegenheit befasste Staatsanwalt mitteilt, dass die Beschlagnahmung prinzipiell aufgehoben ist und nur die Missionsgesellschaft noch zustimmen müsse, da Schweitzer ihr ja Geld schulde.

Natürlich kann Schweitzer mit seinem nicht sehr üppigen Gehalt als Assistenzarzt und seiner Vergütung als Vikar in St. Nicolai noch nichts von seinen erheblichen Schulden zurückzahlen. Am Willen fehlt es ihm nicht, wie er gegenüber Missionsdirektor Bianquis beteuert, verfüge er doch noch aus der Vorkriegszeit über ein Konto in Mark. Allerdings habe er immer noch keinen Zugriff darauf, da die Frage der Umwandlung von Mark in Francs für die Elsässer noch nicht entschieden sei.

Das Jahr 1919 war also ein Jahr, das für Schweitzer Freude und Sorgen bereithielt. Freude über die Geburt seiner Tochter Rhena und die Wiederaufnahme einer ärztlichen und vor allem der Predigttätigkeit, Sorgen um seine und Helenes Gesundheit sowie seine Schulden bei der Missionsgesellschaft. Doch so wie das Jahr mit einem freudigen Ereignis begonnen hatte, so endete es auch mit einem – allerdings völlig unerwarteten – solchen. Es ist mit dem Namen Nathan Söderblom verbunden.

Söderblom, Erzbischof und Prokanzler der Universität Uppsala in Schweden, kannte Schweitzers Werke über Kant, die Leben-Jesu-Forschung und die Erforschung der Lehre des Paulus und hatte auch vernommen, dass sich Schweitzer *„mit philosophischen Arbeiten über die geistigen und ethischen Voraussetzungen der Kultur“* beschäftigte. Da er nicht genau wusste, wo sich Schweitzer aktuell aufhielt, ihn aber in einem Gefangenenlager vermutete, bat er den Erzbischof von Canterbury, Schweitzers Aufenthaltsort zu ermitteln und ihm eine Einladung zum Abhalten der Olaus-Petri-Vorlesungen an der Universität Uppsala im Jahr 1920 zuzustellen. Hintergedanke war, Schweitzer, falls er noch in Gefangenschaft wäre, aus dieser zu befreien.

Söderbloms Brief an den *„sehr geehrten Doktor“* trägt das Datum des 5. Dezember und führt aus:

„Die Olaus Petri-Stiftelsen an der Universität Upsala beehrt sich Sie einzuladen, in unserer Universität in einem der folgenden Jahre eine Reihe von Vorlesungen über die Person Jesu oder die Bedeutung der Eschatologischen Gottesreichserwartung für unsere Zeit oder die jetzigen Aufgaben der Religion oder über einen anderen von Ihnen gewählten Gegenstand (gern auch Kirchenmusik berührend) halten zu wollen. (...) Das Gehalt für 8 Vorlesungen ist 2.000 schwedische Kronen, von denen die zweite Hälfte für druckfertiges Manuskript ausgezahlt wird. Das Buch soll erst schwedisch erscheinen. Für andere Sprachen erhält der Verfasser alle Rechte.
Die Olaus Petri-Stiftelsen hatte schon vor dem Kriege den Vorsatz Sie einzuladen. Vielleicht erlauben Sie mir persönlich hinzuzufügen, wie ich mich freuen würde, Sie in meinem Hause in Upsala empfangen zu dürfen, um Ihnen mit lebendiger Stimme für geniale Schöpfungen auf dem Gebiete der Religion und des Verständnis der Musik Dank zu sagen. Vielleicht haben Sie auch etwas, was Sie uns von Ihren Erfahrungen im Kongo erzählen wollen."

Das Schreiben gelangte auf Umwegen an Schweitzer, denn der von Söderblom beauftragte Erzbischof von Canterbury, der Schweitzers Aufenthaltsort wohl nicht ermitteln konnte, schickte es an die Pariser Missionsgesellschaft, deren Direktor es kurz vor Weihnachten an Schweitzer weiterleitete. Der berichtet rückblickend:

„So fand ich am Abend des 23. Dezember 1919, als ich gerade in tiefster Niedergeschlagenheit in das Pfarrhaus zu St. Nicolai in Straßburg heimkehrte, das ich als interimistischer Vikar dieser Kirche bewohnte, ein großes mit Siegeln versehenes Schreiben vor. Über dem Lesen wurde ich so bewegt, dass mir Tränen in die Augen kamen. Ich war also nicht so völlig vergessen, wie ich es gemeint hatte! Die ganze Zeit nach dem Kriege hatte ich in meiner Straßburger Abgeschlossenheit nämlich das Gefühl eines unter ein Möbel gerollten und dort verlorenen Groschens gehabt. Es war mir also Gelegenheit gegeben, die Gedanken über ethische Weltanschauung, die ich seit Jahren mit mir herumtrug, auszusprechen! Auch sollten die Vorlesungen gedruckt werden! Kaum vermochte ich, der ich mich damit abgefunden hatte, diese Arbeit nur für mich selber niederzuschreiben, solches zu fassen! Durch Nathan Söderblom kam also in dieses Weihnachtsfest, das meine Frau

und ich, wie alle anderen seit Kriegsbeginn, in Traurigkeit und Sorge zu begeben gedachten, unverhofft ein heller Sonnenstrahl."

Quellen:

- *Albert Schweitzer: Aus meinem Leben und Denken*
- *Albert Schweitzer: Aus meinem Leben. Selbstdarstellungen und Erinnerungen*
- *Albert Schweitzer. Leben, Werk und Denken 1905–1965 mitgeteilt in seinen Briefen*
- *Albert Schweitzer: Predigten 1898–1948*
- *Albert Schweitzer: Theologischer und philosophischer Briefwechsel*
- *Briefwechsel zwischen Schweitzer und der Pariser Evangelischen Missionsgesellschaft*
- *Suzanne Oswald: Mein Onkel Bery*
- *Verena Mühlstein: Helene Schweitzer Bresslau. Ein Leben für Lambarene*
- *Madeleine Horst: Le presbytère du quai Saint-Nicolas; in: Robert Minder (Hrsg.): Rayonnement d'Albert Schweitzer*

Aus und über Lambarene

Auf der Spitalbaustelle in Lambarene

ROLAND WOLF

Die Historische Zone des Schweitzer-Spitals im Jahr 2018

Das Jahr 2018 war für die Historische Zone wie für das gesamte Schweitzer-Spital ein schwieriges Jahr. Verantwortlich dafür war in erster Linie der von Mitte Januar bis Ende April andauernde Streik der Spitalmitarbeiter. Dass während dieser Zeit auch die Historische Zone mit Museum und Übernachtungsmöglichkeiten geschlossen wurde, stieß bei vielen Touristen auf Unverständnis. Und natürlich auch bei den Verantwortlichen von Spitalstiftung und Krankenhaus, denn die Einnahmen der Historischen Zone tragen in nicht unerheblichem Maß zum Spitalhaushalt bei.

Aus dieser Situation folgte, dass von vornherein mit einem Rückgang der Besucherzahlen gegenüber dem Vorjahr zu rechnen war. Dieser fiel mit 2.660 Besuchern des Museums im Vergleich zu 3.292 im Jahr 2017 dann auch recht deutlich aus. Nimmt man aber nur die streikfreien Monate von Mai bis Dezember als Bezugspunkt, entspricht der Besucherstrom 2018 ziemlich genau dem des Vorjahres. Dies zeigt, dass die Historische Zone nach wie vor ein bedeutender Anziehungspunkt ist.

Den größten Besucheranteil stellten naturgemäß die Afrikaner mit 1.605 Besuchern. An zweiter Stelle standen die Europäer mit 854 Besuchern, gefolgt von den Touristen aus Asien (134), Amerika (70) und Australien mit Neuseeland (11).

Die höchsten Zahlen wurden erwartungsgemäß in der Ferienmonaten Juni bis September (312, 381, 709 und 250 Besucher) sowie im Dezember (293 Besucher) erzielt, im März und auch noch im April war totale Fehlanzeige.

Mit 1.477 von 1.605 Besuchern führen die Gabuner natürlich die Liste der Afrikaner an. Danach folgen Kameruner (25), Marokkaner (21) und Beniner (12).

Bei den Europäern bilden die Franzosen mit 834 Personen die größte Gruppe, da in Gabun immer noch mehrere Tausend Franzosen arbeiten und das Spital für sie, ihre Familien sowie ihre Gäste aus Frankreich ein beliebtes Ausflugsziel darstellt. Nach den Franzosen kommen schon die Deutschen mit 52 Besuchern, gefolgt von Spaniern (36), Italienern und Belgiern (je 26), Russen (20), Niederländern und Österreichern (je 12). Markant ist der Rückgang von Besuchern aus der Schweiz auf nur noch 9 Personen.

Die Besucher aus Asien kamen fast ausschließlich aus vier Ländern: Südkorea (46), Indien (29), Japan (26), und China (12). In der Regel handelt es sich dabei nicht um Einzeltouristen oder Familien, sondern um offizielle Delegationen von Universitäten oder anderen Einrichtungen.

Insgesamt wurde das Historische Spital von Touristen aus 49 Ländern besucht: die Afrikaner kamen aus 19 verschiedenen Ländern, die Europäer aus 18, die Asiaten und Amerikaner aus je 5; hinzu kommen aus dem fünften Kontinent Besucher aus Australien und Neuseeland.

In einem normalen Jahr erwirtschaftet die Historische Zone etwas mehr als 100.000 Euro, die dem Spitalhaushalt zugutekommen. Sie ist damit der Bereich, der einer Rentabilität am nächsten kommt.

Begegnungen

In Frankfurt am Main, 1949

MARTIN GROSS

Begegnung mit Folgen

Das Albert-Schweitzer-Jubiläumsjahr ist der geeignete Zeitpunkt, um auch über den großen Einfluss Albert Schweitzers als Musikwissenschaftler und Orgelexperte nachzudenken und zu schreiben. Schweitzers Veröffentlichungen über die Deutung der Musik Johann Sebastian Bachs und darüber, wie man die Musik und insbesondere die Orgelmusik Johann Sebastian Bachs zu spielen habe, waren bahnbrechend. Kaum jemand vor ihm hatte sich in einem so großen Ausmaß und so interdisziplinär mit Bachs Musik auseinandergesetzt wie Albert Schweitzer.

Verbunden damit waren auch seine Veröffentlichungen über Orgelbau. Wesentliche Impulse für die Orgelbaureform gingen von Albert Schweitzer aus. Für die Interpretation der Orgelwerke Johann Sebastian Bachs forderte Albert Schweitzer nämlich eine „Weichheit und Fülle des Klangs" wie sie für die Orgeln aus den Werkstätten der Familie Silbermann kennzeichnend waren. Schweitzer schreibt dazu:

„Wer je Bachsche Fugen auf Silbermannschen Werken gespielt hat oder spielen hörte, erstaunte über die Art, wie Alt und Tenor zur Geltung kamen und das in ihnen auftretende Thema deutlich werden ließen. Erst auf solchen Orgeln versteht man, wie Bach und seine Kollegen davon absehen konnten, irgend etwas für das Herausarbeiten des Themas zu tun, und den Satz als solchen auf sich wirken lassen durften."

Auf die Nachwelt hatte das Ideengut Albert Schweitzers große Auswirkungen. Viele junge Menschen waren begeistert von Albert Schweitzer. So blieb auch der junge Schwetzinger Kantor Ernst Wacker nicht unberührt, von dem, was Albert Schweitzer über die Musik von Johann Sebastian Bach und über den Orgelbau geschrieben hatte. Überdies beeindruckte Albert Schweitzer gerade nach dem Ende des Zweiten Weltkrieges junge Menschen, die ihr Leben und ihr Wirken neu ausrichteten, mit seiner universalistischen, humanistischen Lehre, seiner gelebten Menschlichkeit, seinem Charisma. Seine Ethik „Ehrfurcht vor dem Leben" war nicht zu trennen von dem, was er als Musiker, Theologe, Philosoph und Arzt lehrte und praktisch umsetzte. In einer Zeit, in der die existenziellen Bedrohungen zunahmen, war Albert Schweitzer ein großer Hoffnungsträger, auf den auch Ernst Wacker sah.

Gerade hatte der 1925 geborene Ernst Wacker sein Kirchenmusikstudium am „Evangelischen Kirchenmusik Institut“ in Heidelberg u.a. bei Meinhard Poppen, Wolfgang Fortner und Siegfried Hermelink abgeschlossen, darüber hinaus an der Heidelberger Universität Musikwissenschaft und Theologie studiert, sich schon auf das Feld der Bachforschung gewagt, da begegnete ihm 1951 in Strasbourg Albert Schweitzer. Diese erste Begegnung in Strasbourg kam auf Vermittlung von Emma Hausknecht zustande, mit der Ernst Wacker in verwandtschaftlicher Beziehung stand; diese hatte Folgen, bestimmte zukünftig sein Wirken als Kirchenmusiker und Musikwissenschaftler.

Dort in Strasbourg gewann Albert Schweitzer ihn für die Silbermann- und Bachforschung. Dort in Strasbourg wies Schweitzer ihm seinen Weg. Von nun an beschäftigte Wacker sich gründlich mit Orgelbau, intensivierte dabei seine Silbermannforschungen und ergründete, in welcher Beziehung die Musik Johann Sebastian Bachs zur Musica poetica stand. Gemeint ist mit der Musica poetica eine Art Kompositionslehre, wie sie auch bei dem Bach-Zeitgenossen Johann Gottfried Walther in seinem „Musikalischen Lexikon“ (1732) beschrieben wird. Albert Schweitzer wollte, dass Ernst Wacker sich der Musica poetica annehmen sollte. Ernst Wacker tat dies über Jahrzehnte hinweg.

Anknüpfen konnte Ernst Wacker an Albert Schweitzers 1908 erschienenes Buch über Johann Sebastian Bach. Darin wurde in weiten Teilen die Ästhetik von Bachs Musik und der Deutung und Erklärung der bachschen Kompositionsprinzipien behandelt. Dabei hat Schweitzer die Rolle der Musica poetica in Bachs Werk ergründet. Ernst Wacker wollte nun noch mehr wissen, kam dabei auf ganz erstaunliche Ergebnisse. Diese veröffentlichte er im Jahre 2000 exemplarisch unter dem Titel: „Johann Sebastian Bach – Das Wohltemperierte Clavier 1722“. In dieser Veröffentlichung präzisierte Wacker, welche tonometrischen Strukturen, musikalisch-thematischen und textlichen Bezüge die 24 Praeludien und Fugen des „Wohltemperierten Claviers“ aufweisen.

Das war mehr als Albert Schweitzer erwartet hatte! Aufgezeigt hat Ernst Wacker mit dieser bahnbrechenden Veröffentlichung, dass jedes der Praeludien- und Fugenpaare textlich und mit Bezug auf den Cantus firmus auf einen der 24 Sonntage nach Trinitatis im Jahre 1722 passt. Bewiesen ist dadurch wohl, dass die Satzlehre von Johann Sebastian Bach mehr beinhaltet als Harmonielehre und Kontrapunkt. Man sollte davon ausgehen, dass andere Komponisten ähnlich komponiert haben wie Johann Sebastian Bach. Ernst Wacker hat mit seiner Bachforschung ganz im Sinne Albert Schweitzers eine Türe aufgestoßen, durch die wir, die sich mit Musik praktisch und theoretisch beschäftigen, hindurchgehen sollten. Da werden wir auf der Suche nach dem Wesen der Musik neues Land betreten.

Als Ernst Wacker 1959 als Bezirkskantor an die Stiftskirche nach Lahr kam, konnte er mit übergroßer Intensität den Auftrag Albert Schweitzers umsetzen, dort ein neues großes Silbermannmonument im Sinne der von Schweitzer angestoßenen Orgelreform errichten lassen. In der Lahrer Stiftskirche stand die letzte, von Johann Andreas Silbermann erbaute Orgel. Sie wurde dort 1783 fertiggestellt, fiel aber 1877 einem Brand zum Opfer. Die Lahrer Orgel von Johann Andreas Silbermann war die jüngste und kleinere Schwesterorgel der Instrumente, die von Johann Andreas Silbermann in der Benediktinerreichsstiftskirche von St. Blasien und in Strasbourg, Temple-Neuf gebaut wurden. Alle drei Orgeln wurden durch Brand zu unterschiedlichen Zeiten zerstört.

In drei Bauabschnitten wurde in der Lahrer Stiftskirche ab 1963 bis 1997 unter der Regie von Ernst Wacker und ab 1990 von seinem Nachfolger KMD Hermann Feist von der Strasbourger Orgelbaufirma „Muhleisen, Manufacture d'Orgues" eine Orgel vollendet, die die drei großen Orgeln von Johann Andreas Silbermann in Lahr, St. Blasien und Temple-Neuf in Strasbourg in sich vereinigt. Es wurde hier jedoch kein rückwärtsgewandter barocker Orgelbau praktiziert, vielmehr mit Blick auf die Zukunft gebaut. Albert Schweitzer propagierte als Hauptvertreter der elsässisch-neudeutschen Orgelreform einen Orgeltyp, der die Klangästhetik der französischen spätromantischen Orgel, der deutschen und englischen Romantik mit dem Obertonreichtum der klassischen französischen und deutschen Orgeln verbindet. Es war die Ambition Wackers, auf dem Instrument in der Lahrer Stiftskirche jede Stilrichtung bis hin zu zeitgenössischer Orgelmusik zu realisieren. Das entsprach auch Schweitzers Musikverständnis, der ja als Schüler von Charles-Marie Widor zeitgenössisches Repertoire pflegte, sich Neuem nicht verschloss, wenn es gekonnt praktiziert wurde.

Wer heute in die Lahrer Stiftskirche kommt, findet dort eine optisch und akustisch überwältigende Orgel vor. Albert Schweitzer hätte wohl große Freude an ihr gehabt. Sie entspricht dem Orgeltyp, wie er ihn in seinen Orgelschriften und in seinem Buch über Johann Sebastian Bach beschrieb. Mit dieser außerordentlich klangschönen und technisch vollendeten Orgel hat Ernst Wacker ein Instrument in die Welt gesetzt, das den Namen „Königin der Instrumente" verdient. Wenn diese Orgel erklingt, wird Musik zur Musica sacra. Niemand kann sich dem Klang dieses einnehmenden Instrumentes entziehen. Es öffnet Ohren und erreicht Herzen, macht die Menschen geistlich und spirituell empfänglich, ermöglicht ihnen ein, wie es Schweitzers Lehrer Widor ausdrückte, *„Schauen in die Ewigkeit"*.

Im Mai 2018 verstarb Ernst Wacker im Alter von 93 Jahren, nachdem er an seinem Wirkungsort als Bezirkskantor und Kirchenmusiker an der Lahrer Stiftskirche den von Albert Schweitzer gewiesenen Weg gegangen ist. Er hat mit dem Bau der Großen Orgel in der Lahrer Stiftskirche realisiert, was Schweitzer mit seiner Orgelreform forderte, er hat, ganz nach dem Wunsch Schweitzers, im Rahmen der Bachforschung die Bedeutung der Musica poetica als Kompositionslehre befördert und er hat selber durch sein Wirken als Komponist und Lehrer die Nachwelt reich beschenkt.

Der deutsch-amerikanische Musikwissenschaftler, Germanist und Organist Immo Schneider (geb. 1935 in Dresden) hat kürzlich aus seiner Wahlheimat Ellensburg/USA in Erinnerung an Ernst Wacker geschrieben:

„Er war ein wahrhaft begeisternder Kirchenmusiker und liebenswerter Mensch und gehörte für mich neben Albert Schweitzer zum verständnisvollsten Bach-Kenner nicht nur der Orgelwerke, sondern auch des Wohltemperierten Klaviers, dessen geistlichen Hintergrund er so profund erforschte."

Literatur:

- *Schweitzer, Albert, Johann Sebastian Bach, Breitkopf & Härtel, Wiesbaden, 1908*
- *Schweitzer, Albert, Die Restauration der Silbermannschen Orgel von St. Thomas in: Straßburger Bürger Zeitung (16. 9. 1908)*
- *Schweitzer, Albert, Zur Diskussion über Orgelbau (1914) in: Documenta Organologica Band 1, Verlag Merseburger Berlin, 1977*
- *Steffahn, Harald, Schweitzer, Rowohlt Taschenbuchverlag, Reibeck/Hamburg, 1979*
- *Eggebrecht, Hans, Heinrich Heinrich Schütz – Musicus Poeticus, Heinrichshofen's Verlag, Wilhelmshafen, 1959*
- *Rupp, Emile, Deutsche und Französische Orgelbaukunst und Orgelkunst, Breitkopf & Härtel, Leipzig (Die Musik), 1906*
- *Schaefer, Marc, Recherches sur la famille et l'oeuvre des Silbermann en Alsace, (in Band 23 Walcker-Stiftung für orgelwissenschaftliche Forschung), 2012*
- *Schützeichel, Harald, Die Orgel im Leben und Denken Albert Schweitzers, Herausg. Hans Heinrich Eggebrecht, Musikwissenschaftliche Verlagsgesellschaft mbH, Kleinbittersdorf, 1991*
- *Wacker, Ernst, Johann Sebastian Bach – Das Wohltemperierte Clavier 1722, Verlag Graffiti, Lahr, 2000*
- *Walther, Johann Gottfried, Musikalisches Lexikon oder musikalische Bibliothek, Leipzig, 1732*

URSULA SCHOELER

Erinnerungen an Albert Schweitzer

Mir persönlich bedeutet Albert Schweitzer sehr viel, weil ich von Kindheit an durch meine Familie ihm verbunden war.

Mein Vater, Dr. Paul Fischer, gebürtiger Elsässer, hatte als Jurastudent in Straßburg Orgelunterricht bei Albert Schweitzer. Das war gerade in der Zeit um 1910 bis 1913, als Albert Schweitzer an der gleichen Universität Privatdozent der Theologie und Student der Medizin war.

Ich erinnere mich an viele Kirchenkonzerte, die wir als Familie im Elsass veranstalteten während unserer Evakuierungszeit dort im Zweiten Weltkrieg und auch später noch in Bielefeld fast jedes Jahr. Der Erlös kam immer dem Urwaldspital Lambarene zugute.

Viele briefliche Kontakte gab es, in denen Schweitzer sich für die Konzerte zugunsten seines Werkes bedankte, auf einzelne Programmpunkte einging und kurz über seine Arbeit berichtete. Ausführlichere Berichte bekamen wir auch von einer seiner treuesten Mitarbeiterinnen, Mathilde Kottmann, die ihm 40 Jahre zur Seite stand.

Es gab persönliche Begegnungen. Ich war 13 Jahre alt, als ich Schweitzer mit einer Freundin, seiner Großnichte, in Straßburg in der Speichergasse begrüßen durfte. Das war 1948. In blauer Arbeitsschürze war er gerade mit etlichen Helfern am Kistenpacken für Lambarene. In der Speichergasse hatte er auch eine kleine, bescheidene Wohnung. Dort besuchten wir, meine Eltern und Geschwister, Albert Schweitzer im September 1954. An den Wänden hingen Bilder aus dem afrikanischen Urwald und eine Skizze der Spitalanlage in Lambarene. Wir wollten ihm ein Ständchen bringen. Natürlich stand in seinem Zimmer auch ein Klavier, auf dem er jeden Morgen spielte, wenn er in Straßburg weilte. Zu meinem Vater sagte er einmal: *„Mine Morjeschnaps, des sin de Bachfugen“*. Wir sangen ihm dreistimmig das Elsaßlied, eine Komposition mit Text meines Vaters. Dr. Schweitzer setzte sich uns gegenüber, lauschte dem Gesang und sah jeden von uns voll Wärme und Güte an.

Fünf Jahre später 1959, es war ein goldener Oktober und die Fahrt über die elsässische Weinstraße ins Münstertal, in Schweitzers Heimatort Günsbach war traumhaft. Diese letzte Begegnung mit Albert Schweitzer wird mir unvergessen bleiben. Wir wussten damals nicht, daß dies auch der letzte Europaaufenthalt für ihn sein würde. Er war etwas kleiner und schmaler geworden. *„Da sind ja die Singermaidle“*, so nannte er uns. Als wir anfingen zu singen, schaute er uns mit seinen großen Augen an. Dieses Leuchten und diese Ausstrahlung, die von ihm ausging, werde ich nie vergessen. Er bedankte sich sehr herzlich und wollte wissen, wann wir das nächste Konzert planen. *„Was macht Ihr Orgelspiel“*, fragte er meinen Vater, *„vergessen Sie nicht, dass man auch Orgelspiel schneller verlernt als lernt, also in der Übung bleiben!“* Mein Vater brachte die von ihm gewünschten Tropenhemden und Leinenstoffe mit. Er meinte, den Hemdenstoff, wie man ihn früher in der ganz porösen Art hatte, gäbe es ja heute leider nicht mehr. Die gute Ware von damals sei eben von größerer Dauerhaftigkeit als die heutige Ware. Voller Stolz zeigte er auf seine dunkle Hose: *„Die ist noch von 1924, und meine Schuhe sind nach dem Sohlen auch immer wieder in Ordnung, ich trage sie seit 1931“* meinte er. Wir unterhielten uns noch über die politische Lage, die ihn immer sehr bewegte. Er schenkte uns ein Salatbesteck, das von einem Afrikaner geschnitzt war und jeder bekam eine Karte aus Lambarene mit seiner Unterschrift. Wir verabschiedeten uns mit einem Lied. Die Größe dieses Mannes war ja, dass, wer auch immer zu ihm kam, sei es ein Kind, ein älterer Mensch, ein schlichter Dorfbewohner oder ein Professor, er jedem das Gefühl gab, in dem Augenblick für ihn alleine da zu sein.

ERIKA RÜDEL

Meine Begegnung mit Albert Schweitzer

ZUM JUBILÄUM „50 JAHRE ALBERT-SCHWEITZER-MUSEUM UND ARCHIV"

Mein Vater, Dr. Paul Fischer, gründete 1969 – vor 50 Jahren – das Albert-Schweitzer-Museum mit Archiv in Frankfurt am Main.

Er war von Jugend an mit Albert Schweitzer bekannt und befreundet. Als Jurastudent in Straßburg nahm er Orgelunterricht bei Albert Schweitzer, der zu dieser Zeit Privatdozent der Theologie und Medizinstudent war.

Als im Zweiten Weltkrieg die Bombenangriffe auf die deutschen Städte immer gefährlicher wurden, übersiedelten wir, meine Eltern mit uns sechs Kindern, in das Elsass, die Heimat meines Vaters. Hier verbrachte ich meine Kindheit und Jugendzeit.

In unserer Familie wurde viel gesungen und musiziert. Wir veranstalteten Kirchenkonzerte, deren Erlös immer für das Urwaldspital in Lambarene bestimmt war. Viele Dankesbriefe schrieb uns Albert Schweitzer.

Als nach Beendigung des Krieges Albert Schweitzer wieder nach Europa kam, besuchten wir ihn in Straßburg. Das war 1954. Wir erlebten sein Orgelkonzert in der Thomaskirche. Später empfing er uns in seiner Privatwohnung. Und wir waren dabei, als ihm 1959 in Münster die Ehrendoktorwürde verliehen wurde. Jedes Mal waren wir erfüllt und bewegt von der Begegnung mit ihm.

Meine Geschwister und ich sind in dem Gedankengut Albert Schweitzers aufgewachsen. Das zieht sich bis heute wie ein roter Faden durch unser Leben. Glücklich und dankbar bin ich, dass ich diesem großen Menschen begegnen durfte.

Durch die Heirat mit Pfarrer Wilhelm Rüdel wurde ich die Pfarrfrau an seiner Seite. Jahrelang war ich in der Öffentlichkeitsarbeit tätig. Inzwischen lebe ich in der Nähe von Rothenburg ob der Tauber alleine. Mein Mann starb vor zehn Jahren. Kinder und Enkel sind aus dem Haus.

Ich brauchte eine neue Aufgabe. Trotz des hohen Alberts - 88 Jahre - bin ich nun seit Jahren unterwegs in Gemeinden und Schulen der näheren und weiteren Umgebung und berichte aus dem Leben Albert Schweitzers und von meiner Begegnung mit ihm.

Besonders im Jubiläumsjahr 2013 - „100 Jahre Lambarene" - war ich oft unterwegs. So kam ich auch nach Würzburg zu einem Gemeindeabend. Zu meiner Überraschung erschien der holländische Arzt Ary van Wijnen. Insgesamt zehn Jahre lang war er in Lambarene tätig. Nach meinem Vortrag berichtete er nun anschaulich aus dem Urwaldhospital. Das war für alle ein besonderes Erlebnis.

Es macht mir Freude zu sehen, mit welch hoher Aufmerksamkeit und großem Interesse die Zuhörer meinen Ausführungen folgen. Besonders überraschend und bewegend für mich, wie interessiert die Jugendlichen von 13 bis 16 Jahren an dem Leben und Werk Albert Schweitzers sind. Das zeigte sich auch an den vielfachen Fragen, die sie jeweils im Anschluss an meinen Vortrag stellten. Am Schluss jeder Veranstaltung bitte ich immer um Spenden für Lambarene.

Ich hoffe, dass ich weiterhin dieser erfüllenden Aufgabe nachgehen kann. Es ist mir ein Herzensanliegen, als Zeitzeugin Albert Schweitzer und sein Werk den Menschen nahezubringen.

Kenia-Projekt

Unterricht in der Albert-Schweitzer-Schule

ANDREA MUNZ

Jahresrückblick 2018 der Albert-Schweitzer-Schule Kenia

Die Albert Schweitzer Schule Kenia hat ihre Türen Anfang 2016 für 160 Aidswaisenkinder im Alter von fünf bis neun Jahren in der Nähe des Viktoriasees geöffnet. Etwa ein Drittel der Bevölkerung in der Region Kisumu hat Aids und für viele Kinder ist es nach dem Tod der Eltern nicht möglich, die Schule zu besuchen, da die Angehörigen das Geld für die Schuluniform und Schulmaterial nicht aufbringen können. In der Albert-Schweitzer-Schule erhalten die Kinder täglich zwei Mahlzeiten und Unterricht gemäß kenianischem Lehrplan. Das Angebot umfasst zwei Jahre Kindergarten und die ersten drei von insgesamt sechs Primarschuljahren. Die Angehörigen leisten einen Beitrag an die Schulkosten, der im Rahmen ihrer knappen finanziellen Möglichkeiten liegt. Die meisten bezahlen in Form von Brennholz oder zwei Büchsen Mais (zwei Kilogramm) pro Quartal, welche die Schulküche für die Zubereitung der Mahlzeiten verwendet.

Einblick in einen Schultag

Die Schule liegt in einer sehr ländlichen Gegend. Die meisten Kinder kommen zu Fuß und haben einen Schulweg von bis zu einer Stunde. Ab sieben Uhr treffen die Kinder auf dem Schulgelände ein, wo sie meist fröhlich mit den alten Mofapneus oder Fußball spielen. Jeder Tag beginnt mit einem gemeinsamen Morgenritual auf dem Schulhof. Im Wechselgesang begrüßen die Kinder ihre Lehrpersonen und umgekehrt. Es werden einige Lieder gesungen, die kenianische Fahne wird gehisst und das Schulareal und die Klassenzimmer gemeinsam gereinigt. Den sieben Lehrpersonen ist es wichtig, dass die Kinder lernen, Ordnung zu halten und dem Schulareal Sorge zu tragen. Von 8 bis 10 und von 10.30 bis 12 Uhr haben die Kinder

Unterricht (Suaheli, Englisch, Mathematik, Geschichte, Geografie und Ethik).

In der großen Pause gehen die Kinder in die Halle und erhalten dort ihr Frühstück, einen nährstoffreichen Maisbrei, und genießen anschließend das Spielen.

Um zwölf Uhr gehen die Kinder an den kleinen Wassertanks auf dem Schulgelände ihre Trinkbecher füllen, waschen sich die Hände und freuen sich auf das Mittagessen, welches die drei Köchinnen zubereitet haben. Seit Sommer 2018 wird in der neuen Schulküche auf zwei energiesparenden Holzöfen gekocht. Dadurch konnten die Kosten für Brennholz um 60 Prozent gesenkt werden. Früher aßen die Kinder draußen am Boden sitzend oder stehend, und wenn es regnete, waren die Unterrichtszimmer der einzige trockene Raum. Die im August 2018 fertig gebaute Halle bietet nun Platz zum Essen und auch für zahlreiche gemeinsame Aktivitäten wie Singen, Theaterspielen oder Versammlungen.

Bis sechzehn Uhr dauert der Unterricht. Manchmal finden auch besondere Aktivitäten statt. Ein schönes Wochenritual ist das Zusammenkommen der ganzen Kinderschar unter dem größten Baum zum „Story telling". Dann werden Geschichten erzählt, z. B. über Albert Schweitzer (Von wem hat unsere Schule den Namen? Was hat er für Menschen, Tiere und Pflanzen getan?), kenianische Kindergeschichten, und manchmal berichten auch Kinder über ihre aktuelle Lebenssituation, wie sie ihre Eltern verloren haben und was ihnen wichtig ist. Dieses gemeinsame Teilen von verschiedenen „Lebensgeschichten" ist ein wichtiger Teil der Schulkultur und hilft beim Verarbeiten der Schicksalsschläge.

Die große Regenzeit hat 2018 glücklicherweise ausreichend Wasser gebracht. Kinder und Lehrpersonen haben zusammen Bäume gepflanzt, damit sie genügend Schatten haben in der heißen Trockenzeit.

Rezension

Am Klavier in Lambarene, 1930

WOLF KALIPP

Albert Schweitzer und die afrikanische Musik

Auf alle Schweitzer-Freunde, die auf den musikalischen Pfaden des Grand Docteur wandeln, aber letztlich auch für alle außermusikalisch Interessierten, die sich mit Schweitzers Erbe beschäftigen, kommt hier eine interessante Veröffentlichung zu. Der junge Hannoveraner Musikwissenschaftler und Musikethnologe Nepomuk Riva hat jüngst einen umfangreichen Aufsatz über „Ein musikalisch-dichtender Urwaldarzt – Albert Schweitzers Wahrnehmung afrikanischer Musik" veröffentlicht (in: Die Musikforschung, Bd. 71, 2, Kassel 2018, S. 113–131). Riva setzt sich mit Berichten und erzählenden Schriften Schweitzers auseinander, die seine musikpraktisch-musiktheoretischen, in Europa gesammelten Fähigkeiten und Fertigkeiten in das geografische Erscheinungsbild von Lambarene einbetten. Nach eingehender Analyse vorausgehender Schriften überwiegend kolonialer Missionare, Forschungsreisender und Musikkundiger über die Musik des Schwarzen Kontinents und die Konfrontation europäischer mit afrikanisch-indigenen Musikkulturen und anhand von Äußerungen Schweitzers über afrikanische Musik ab 1913, seine autobiografischen Erzählungen wie auch in ausgewähltem Briefwechsel dringt Riva in psychologisch-ästhetische Tiefenschichten des großen Humanethikers vor und weist nach, dass die Ethik der Ehrfurcht vor dem Leben als mystische Einheit mit der Natur quasi als Symphonie zwischen Naturlaut und Kulturmusik erlebt wird. Es wird jedoch wieder einmal deutlich, dass Schweitzer sich nicht in musikethnologisch-wissenschaftlicher Anschauung mit afrikanischer Musik auseinandergesetzt hat, sondern christliche Musikpraxis z. B. des Choralgesangs im Kontext des Lambarener Alltags erlebnishaft schildert und auch sein eigenes Wirken am Tropenklavier mit Bachs Orgelstücken in die quasi romantische Atmosphäre der Tropen-Arbeitstage einbettet. *„Aber nie hat mich Bach so aufgewühlt wie im Urwald von Zentralafrika"*, so der Nobelpreisträger zu einem Besucher 1954. Gabunesische Musik (Trommelspiel, Gesang der Ruderer, Schweitzer als „Dirigent eines Arbeitsorchesters" seiner schwarzafrikanischen Patienten und Mitarbeiter etc.) erlebt der Grand Docteur stets atmosphärisch-akzidentell, niemals strukturell hinterfragend. Als genialer Anregender und Bahnbrecher in so vielen Disziplinen hat Schweitzer zwar bereits 1914 auf eine dringend notwendige praktisch-musikethnologische Feldforschung hingewiesen, ist aber in den Jahrzehnten danach nie wieder darauf zurückgekommen. Musik in sozialer Praxis und deren Schilderung in ganzheitlich erlebtem afrikanischen Umfeld waren für ihn von größerem Interesse, auch innerhalb literarischer Verarbeitung in seinen Essays. Sie sollten zu einem besseren soziokulturellen Verständnis der Musik Afrikas führen.

Rivas Aufsatz bietet also keine neuen wissenschaftlichen Erkenntnisse über den Musikforscher Schweitzer, fächert jedoch in diesem spezifischen Zusammenhang Schweitzers gesamtes musikalisches Weltbild im Umfeld des kulturell Fremden auf. Eine weitere, hilfreiche Arbeit nach den umfassenden Veröffentlichungen über Schweitzer und die Orgel und Schweitzer als Musikästhetiker und Bach-Forscher der jüngeren Vergangenheit (Stefan Hanheide, Harald Schützeichel u. a.).

Anhang

Predigt in Lambarene

Autorenverzeichnis

Peter Berne ist Dirigent und Pädagoge und unterrichtet gegenwärtig an den Musikhochschulen in Berlin („Hanns-Eisler") und Leipzig. Von ihm sind in Buchform erschienen „Parsifal oder die höhere Bestimmung des Menschen" und „Apokalypse – Weltuntergang und Welterneuerung in Richard Wagners ‚Ring des Nibelungen'". Mehrere Aufsätze von ihm haben wir in unseren Rundbriefen veröffentlicht.

Eugen Drewermann *s. Seite 80*

Prof. Dr. Claus Eurich war bis 2017 Hochschullehrer für Kommunikation und Ethik am Institut für Journalistik der TU Dortmund. Er ist Kontemplationslehrer und Autor zahlreicher Bücher. Zuletzt sind erschienen: Aufstand für das Leben. Vision für eine lebenswerte Erde. 2016; Über den eigenen Schatten springen. Vom Ego in die Liebe zum Leben. 2015.

Martin Groß, Kirchenmusiker, Organist, Chorleiter und Komponist, Journalist; Studium der Kirchenmusik, Musikwissenschaft, Philosophie und Physik; Redaktionsleiter bei der Privaten Rundfunkgesellschaft Ortenau, danach Koordinator der Geschäftsleitung für privaten Rundfunk bei der Zeitungsgruppe WAZ in Essen, zur Zeit im kirchenmusikalischen Dienst als Chorleiter und Organist in Lahr/Ortenau und Friesenheim/Ortenau.
Martin Groß hat schon in frühester Kindheit durch seine als Sängerin tätige Mutter, später durch seine Lehrer und Professoren Bach und seine Musik kennen und lieben gelernt. Bei seinen Konzerten im In- und Ausland steht die Musik Johann Sebastian Bachs im Mittelpunkt. Seine Kompositionen sind geprägt von Musikerfahrungen beim Studium der Musik von Messiaen, Xenakis und Ligeti.

Claus Günzler *s. Seite 82*

Fritz von Gunten *s. Seite 85*

Wolf Kalipp *s. Seite 87*

Harald Kegler *s. Seite 90*

Harmut Kegler *s. Seite 94*

Martin Kowarsch *s. Seite 97*

Ernst Luther *s. Seite 102*

Andrea Munz, geb. 1970, lic.phil. Psychologin, Coach und Supervisorin in eigener Praxis. Präsidentin des Vereins Albert-Schweitzer-Schule Kenia und Gastdozentin in einer Führungsausbildung für soziale Visionäre (www.kanthari.org).

Andreas Rössler *s. Seite 104*

Konstanze Schiedeck, geb. 1943, Oberstudienrätin i. R. Derzeit Kreisbeauftragte der evangelischen Landeskirche Hannover für den Kirchenkreis Göttingen-Hildesheim. Frauenarbeit: Organisation, Vorbereitung des Weltgebetstages und von Frauenfrühstücken. Im Vorstand des Deutschen Hilfsvereins für das Albert-Schweitzer-Spital in Lambarene e. V.

Gottfried Schüz *s. Seite 107*

Dr. Friedrich Schorlemmer, geb. 1944. Von 1962–1967 Studium der Theologie in Halle. 1967–1971 Studieninspektor in den Franckeschen Stiftungen und Vikar in Halle-West/Neustadt. Von 1971–1978 Jugend- und Studentenpfarrer in Merseburg. Von 1978–1992 Dozent am Evangelischen Predigerseminar und Prediger an der Schlosskirche in Wittenberg. Von 1992–2007 Studienleiter an der Evangelischen Akademie Wittenberg. Mitbegründer des Demokratischen Aufbruchs in Dresden. Mitglied im P.E.N.-Zentrum Bundesrepublik Deutschland seit 1991. Mitglied der Deutschen UNESCO-Kommission, der SPD und des BUND. Vorsitzender des Willy-Brandt-Kreises in Berlin. Mitherausgeber der Blätter für deutsche und internationale Politik und der Universitas. 1989 Carl-von-Ossietzky-Medaille der Internationalen Liga der Menschenrechte. 1993 Friedenspreis des Deutschen Buchhandels. 2002 Ehrendoktor der Concordia University in Austin/Texas. Mitglied bei attac, 2009 Bundesverdienstkreuz 1. Klasse.

Daniel Stoffel *s. Seite 113*

Dr. Einhard Weber, geb. 1940, Dr. med. Seit Mai 2007, nach einem Jahr Zugehörigkeit zum Vorstand des Deutschen Hilfsvereins für das Albert-Schweitzer-Spital in Lambarene e.V. dessen 1. Vorsitzender. Immer wieder waren Albert Schweitzers Gedanken Wegweiser in seinem Leben und Motivation in seiner über 30-jährigen Tätigkeit als Landarzt in Creußen.

Ary van Wijnen *s. Seite 115*

Hans-Georg Wittig *s. Seite 119*

Dr. Roland Wolf, geb. 1948, Dr. phil., Studium der Romanistik und Geographie; Studiendirektor i.R. Arbeitete von 1987–1993 als Fachberater und Lehrer für Deutsch in Gabun. Damals erste Kontakte mit dem Albert-Schweitzer-Spital in Lambarene. Seit 1997 aktiv im Vorstand des Deutschen Hilfsvereins für das Albert-Schweitzer-Spital in Lambarene e.V. (DHV, Vorsitzender von 1998–2001), von 1996 bis 2014 Vertreter des DHV in der Internationalen Stiftung für das Albert-Schweitzer-Spital in Lambarene (FISL), und dort seit 2014 Vertreter der AISL, von 2007–2010 Präsident des Stiftungsrats. Führt seit 2001 Reisegruppen nach Lambarene

---

Werner Zager *s. Seite 124*

Zu den Rundbriefen

Begründet wurden die Rundbriefe von Richard Kik, zuerst in Form von eher privaten Mitteilungen an Mitglieder des Freundeskreises um Albert Schweitzer. Im August 1947 hat er dann die erste Nummer des Rundbriefes mit einem Umfang von acht Seiten versendet. Der eigentlich erste „richtige" Rundbrief, der Rundbrief Nr. 2, wurde dann im Januar 1952 zum 77. Geburtstag von Albert Schweitzer herausgegeben.

Bestanden die ersten Rundbriefe noch aus kleinen Mitteilungen und Briefauszügen von Helfern, Freunden wie auch von Albert Schweitzer selbst, so erweiterte sie Richard Kik dann in der Folgezeit mit Schilderungen, Berichten, Zeitungsausschnitten und Essays.

Nach dem Tod von Richard Kik führte dessen Frau Mine die redaktionelle Arbeit der Rundbriefe bis 1977 fort. Ihr folgten Manfred Hänisch (bis 1992) und Hans-Peter Anders. Seit der Ausgabe Dezember 2001 ist die Redaktion direkt dem Vorstand des Deutschen Hilfsvereins für das Albert-Schweitzer-Spital in Lambarene e. V. und dem jeweiligen Vorsitzenden unterstellt: Tomaso Carnetto bis Ausgabe Nr. 96 (2004) und Dr. phil. Karsten Weber bis 2006. Seit 2007 (Ausgabe Nr. 99) ist Dr. med. Einhard Weber verantwortlicher Redakteur der Rundbriefe.

Gab es seit Beginn der Herausgabe der Rundbriefe pro Jahr zwei Ausgaben, so erscheint der Rundbrief seit 2002 nun einmal jährlich und dazu drei- bis viermal pro Jahr Albert-Schweitzer-Aktuell (ASA).

Impressum

WARUM ALBERT SCHWEITZER HEUTE?

RUNDBRIEF-AUSGABE NR. 111

JAHRBUCH 2019 FÜR DIE FREUNDE VON ALBERT SCHWEITZER

ISBN: 978-3-9815417-7-9

Herausgeber: Dr. med. Einhard Weber (V.i.S.d.P.),
Deutscher Hilfsverein für das Albert-Schweitzer-Spital
in Lambarene e. V., Juni 2019
Wolfsgangstraße 109, 60322 Frankfurt am Main
info@albert-schweitzer-zentrum.de
www.albert-schweitzer-heute.de

Die Adressen der Autoren dieser Ausgabe sind bei Bedarf vom Deutschen Albert-Schweitzer-Zentrum zu erfragen.

Die Inhalte der Beiträge geben nicht unbedingt die Meinung der Redaktion wieder.

Redaktion: Dr. Andrea Blochmann, Dr. Einhard Weber

Gestaltung, Satz: Harald Kubiczak, Dipl.-Designer, Frankfurt am Main

Bildnachweis: *Die Fotografien Schweitzers in dieser Rundbrief-Ausgabe stammen aus dem Bildband „Albert Schweitzer – Von Günsbach nach Lambarene“ und erscheinen mit freundlicher Genehmigung der AISL in Günsbach.
Im Einzelnen: Titelbildbearbeitung von Harald Kubiczak (Fotografie Schweitzers v. 1955). Inhalt: Erica Anderson (S. 2 u. 154/155; vgl. „The World of Albert Schweitzer“ v. E. Anderson). Übrige Fotografien: Nachlass L. Kleinknecht (S. 56 r.), A. Munz (S. 148), Archiv E. Weber (S. 56 lks.)*

Gedruckt auf 100% Recycling-Papier